数字化时代下的国际贸易发展探索

杨力刚　陈利晓　陶慧君◎著

中国商务出版社

·北京·

图书在版编目（CIP）数据

数字化时代下的国际贸易发展探索 / 杨力刚，陈利

晓，陶慧君著 . -- 北京：中国商务出版社，2025.1.

ISBN 978-7-5103-5600-1

Ⅰ. F752

中国国家版本馆 CIP 数据核字第 2025D74X84 号

数字化时代下的国际贸易发展探索

杨力刚　陈利晓　陶慧君　著

出版发行：中国商务出版社有限公司

地　　址：北京市东城区安定门外大街东后巷 28 号　　邮　编：100710

网　　址：http://www.cctpress.com

联系电话：010—64515150（发行部）　010—64212247（总编室）

　　　　　010—64515164（事业部）　010—64248236（印制部）

责任编辑：丁海春

排　　版：北京盛世达儒文化传媒有限公司

印　　刷：宝蕾元仁浩（天津）印刷有限公司

开　　本：710 毫米 ×1000 毫米　　1/16

印　　张：14.5　　　　　　　　　　字　　数：235 千字

版　　次：2025 年 1 月第 1 版　　　　印　　次：2025 年 1 月第 1 次印刷

书　　号：ISBN 978-7-5103-5600-1

定　　价：79.00 元

前　言
PREFACE

在数字化时代，国际贸易正经历着前所未有的变革。在新时代背景下，国际贸易理论的演变对理解当前的贸易模式至关重要。本书旨在深入探讨这一变革的内涵、动因及其对全球经济格局的影响。首先，本书回顾了国际贸易的发展历程，从资本主义时期的贸易模式到"二战"后的全球化浪潮，再到中国改革开放以来对外贸易的迅猛发展，为理解数字化时代国际贸易的背景提供了历史脉络。其次，数字经济的兴起是本书的核心议题。笔者详细探讨了数字经济的基本特征及其对国际贸易格局的影响，分析了国际贸易数字化的分类与统计，以及数字化进程中的规则与标准。此外，书中还构建了国际贸易数字化的生态链模型，揭示了数字化如何渗透到国际贸易的各个环节。再次，数字化转型是国际贸易发展的必然趋势。因此，本书还深入分析了国际贸易数字化转型的关键因素，探讨了新业态的出现以及数字化转型对国际贸易价值链的重塑，进一步分析数字贸易的内涵、演变和发展趋势，以及数字贸易在实践中的案例。最后，本书还特别关注了RCEP对东亚区域经济一体化的推动作用，以及区域经济一体化如何与国际贸易的新发展相互作用。

本书不仅为学术界提供了一个研究数字化时代国际贸易的新视角，也为政策制定者和业界人士提供了宝贵的参考。笔者希望通过本书，能够使读者对数字化时代国际贸易发展进行更深入的理解和更有效的实践。

在本书编写过程中，笔者搜集、查阅和整理了大量文献资料，在此对学界前辈、同人和所有为本书编写工作提供帮助的人员致以衷心的感谢。由于笔者能力有限，且编写时间较为仓促，书中难免存在不足之处，恳请广大读者给予理解和不吝赐教！

作　者

2024 年 6 月

目 录 CONTENTS

第一章

当代国际贸易总论

第一节　国际贸易概述

一、国际贸易的定义与分类

国际贸易作为全球经济的一项核心活动，涉及国家与国家之间在商品和服务交换过程中的互动与合作。其本质是国家之间因资源禀赋差异、生产条件和消费需求不同，通过市场机制进行商品和服务交换的行为。国际贸易的研究涉及多个学科领域，包括经济学、国际政治、法学和文化学等，涵盖的内容从基本的理论模型到复杂的跨国法律框架，构成了现代全球经济运作的重要支撑。

（一）国际贸易的定义

国际贸易一般被定义为国家与国家之间进行商品和服务交换的经济活动。这种交换往往不是单纯的物资互换，而是包含了大量政策、市场、技术、物流等方面的内容。国际贸易的根本动因在于各国的资源禀赋、技术能力、劳动力成本以及需求不同，导致生产和消费的分工与合作。

在传统经济学中，国际贸易被视为国家间的物资交换，通常依赖于贸易壁垒（如关税、进口配额等）进行调控。然而，随着全球化的推进，国际贸易的形式逐渐演变，不仅有商品的跨境流动，还涵盖了服务、资金、知识产权以及数据等多种非物质商品的交换。国际贸易不仅推动了全球经济一体化，也使各国的经济发展、技术进步和文化交流在全球范围内得以加速。

从经济学角度来看，国际贸易可以通过两种基本理论来解释：一是绝对优势理论；二是比较优势理论。绝对优势理论由亚当·斯密（Adam Smith）提出，他认为一个国家如果能够在某一商品的生产上具有比其他国家更高的生产效率，那么该国就应当专注于这种商品的生产，并通过交换获取其他商品。比较优势理论由大卫·李嘉图（David Ricardo）提出，他认为即使一个国家在所有商品的生产上都没有绝对优势，依然可以通过专注于自己具有相对优势的商品生产，和其他国家进行互补性贸易，最终实现双方利益的最大化。

（二）国际贸易的分类

国际贸易的分类是一个复杂且多维度的过程。不同的分类方法可以帮助我们从不同的视角理解国际贸易的性质与发展趋势。

1. 按照商品性质分类

按照交易商品的性质，国际贸易可以分为商品贸易和服务贸易。

（1）商品贸易

商品贸易是指涉及有形商品的跨境交易，主要包括农业产品、矿产资源、能源产品、工业制成品等。在商品贸易中，不同国家之间的贸易产品具有明显的资源禀赋差异。比如，一些国家因土地肥沃而成为农产品出口大国，而另一些国家则因资源丰富而成为能源类商品的主要出口国。商品贸易是国际贸易的传统形式，至今仍然占据全球贸易的主导地位。它不仅是国际分工和资源配置的基础，而且对各国经济发展具有直接影响。

（2）服务贸易

随着全球化的推进，服务贸易逐渐成为国际贸易的重要组成部分。服务贸易是指国家间以提供或交换服务的方式进行的跨境贸易，涵盖的内容广泛，包括金融服务、保险服务、信息技术服务、旅游服务、教育服务、医疗服务等。在全球经济中，发达国家和地区的服务贸易尤其活跃。例如，美国、英国等国家在全球金融和科技服务领域处于领先地位，而亚洲新兴市场国家则在外包、旅游和教育等领域展现出强劲的竞争力。服务贸易与商品贸易的区别在于，服务贸易涉及的是无形商品，其交易过程常常依赖于信息技术、数字平台和跨境法规的协调。

2．按照贸易方式分类

按照交易形式、交易主体和交易内容等，国际贸易可以分为货物贸易和非货物贸易。

（1）货物贸易

货物贸易是最为传统且最常见的国际贸易方式，指国家间通过商品的进出口进行的贸易活动。这些商品包括原材料、半成品、制成品等。货物贸易的特点是，其交易的商品是有形的，涉及的生产环节通常较为复杂，需要跨境运输和物流安排。不同国家的生产模式和资源优势不同，使得货物贸易成为国际经济交流的主要方式。例如，中国是全球最大的制造业国家之一，向全球出口大量的电子产品和消费品；巴西是主要的农业产品出口国，向全球供应大宗农产品。

（2）非货物贸易

非货物贸易包括服务贸易、技术贸易、资金贸易等内容。非货物贸易有时被称为"无形贸易"，因为其交易内容通常是无形资产，如技术、资金、知识产权等。例如，跨国企业可以通过技术转让协议向其他国家出售其专有技术，或者通过投资合资企业获取跨境的资本收益。此外，跨境资金流动（如外国直接投资、证券投资等）也属于非货物贸易的一部分。与货物贸易相比，非货物贸易的交易更加灵活，涉及的主体也更为多元。

3．按照贸易区域分类

按照贸易所涉及的区域范围，国际贸易可以分为双边贸易、多边贸易、区域性贸易和全球贸易。

（1）双边贸易

双边贸易是指两个国家或地区之间的贸易关系。在双边贸易中，贸易的焦点通常是两国之间的特定商品或服务交换。双边贸易是最基础的贸易形式，通常涉及两国政府通过谈判或协议来消除贸易壁垒、降低关税或简化海关手续。双边贸易协议也能够使双方在某些领域内获得更大的经济利益和市场准入。通过签订双边贸易协议，国家能够解决关税问题，提供市场准入机会，减少非关税壁垒，从而促进互惠互利的经济发展。

（2）多边贸易

多边贸易是指涉及多个国家的贸易活动。这类贸易通常在全球性或区域性贸易组织的框架下进行，具有较为复杂的政治、经济与法律背景。世界贸易组织（WTO）作为全球主要的多边贸易组织，其成员遍及全球，提供了多边贸易谈判的正式平台。在多边贸易中，协议通常会通过共同磋商的方式达成，涉及的不仅仅是关税问题，还包括环境保护、劳动条件、知识产权等多个方面的内容。

（3）区域性贸易

区域性贸易是指在某一特定区域内，多个国家之间通过建立自由贸易区（Free Trade Zone）、关税同盟（Customs Union）或经济共同体（Economic Community）等形式开展的贸易活动。区域性贸易的目标是通过消除关税壁垒和非关税壁垒，提升区域内的贸易自由化水平，并实现区域经济一体化。例如，欧盟（EU）是一个典型的区域性贸易体，成员国之间实现了大范围的商品自由流动。此外，《区域全面经济伙伴关系协定》（RCEP）是东亚地区重要的区域性贸易协议之一，旨在促进亚太地区的经济一体化。

（4）全球贸易

全球贸易是指涉及所有国家的国际贸易形式，通常以WTO为平台，旨在促进全球范围内的自由贸易。全球贸易不仅包含商品交换，还涉及服务、知识产权、技术等多方面的交易。随着全球化的不断深入，全球贸易已经成为推动全球经济增长、促进各国经济发展的重要引擎。

4. 按照交易主体分类

根据交易主体，国际贸易可以分为政府主导贸易和私人主导贸易。

（1）政府主导贸易

政府主导贸易通常由政府或通过政府间协议组织来推动。政府主导的贸易活动通常涉及国家安全、重要资源或国际外交领域的战略性商品或关键物资。政府通过政策、法律、国际协议等手段，直接或间接地影响国际贸易的流向和内容。例如，能源大国俄罗斯、沙特阿拉伯在石油和天然气贸易中发挥着重要作用，两国政府往往会通过政府间协议、国际组织参与或市场干预等方式来管理这些资源的跨国流动。

（2）私人主导贸易

私人主导贸易是指由企业、公司或个人等市场主体自主开展的贸易活动。在这种贸易模式下，企业通过在全球市场中开展业务，依据自身的生产能力、市场需求和风险管理实现商品或服务的跨境流动。随着全球化进程的加快和市场化程度的提高，私人主导贸易逐渐成为主流，尤其是跨国公司（MNC）和中小型企业（SmEs）在全球产业链中扮演着重要角色。

5. 按照交易结算方式分类

国际贸易的结算方式对其运作过程具有重要影响。按照交易结算方式，国际贸易主要分为现货交易、信用交易和长期贸易。

（1）现货交易

现货交易是指交易双方在成交后立即完成交付与支付的贸易形式。现货交易通常用于流动性较强、市场价格透明的商品，如石油、黄金、粮食等大宗商品。这类交易的特点是即时性强，价格波动较大，交易风险较小，但要求交易方具备良好的资金流动性和市场敏感性。

（2）信用交易

信用交易是指交易双方在成交后，基于彼此信任和约定，以信用方式进行支付的一种贸易方式。在这种贸易中，买方通常可以在未来一段时间内付款，卖方则提供相应的信贷支持。信用交易在许多情况下能够促进大宗商品的跨国交易，但也容易引发信贷风险，尤其是在国家间存在较大政治经济风险的情况下。

（3）长期贸易

长期贸易是指双方通过签订长期合同或协议，在较长时间内进行商品交换的形式。这类贸易通常涉及的商品价值较高、贸易周期较长，如能源产品、基础设施建设项目、工业设备等。长期贸易协议通常具有较强的稳定性和约束力，但在执行过程中往往面临跨国法律、政治环境变化的挑战。

随着全球化和信息技术的飞速发展，国际贸易的形式和结构也发生了深刻变化：国际贸易从过去以传统商品为主的贸易，发展到如今涵盖服务、技术、数字货币等新型商品的贸易。可见，国际贸易不局限于物理商品的交换。特别是数字化浪潮的推动，跨境电子商务、数字支付、虚拟商品交易等新型贸易形式正快速崛起，并将重新定义国际贸易的边界和规则。

二、现代国际贸易的主要特点

随着全球化进程的深入，现代国际贸易呈现出一系列新的特点。这些特点不仅反映了全球经济互动的复杂性，也为国际贸易政策、理论以及实践带来了新的挑战和机遇。从技术进步到市场趋势，从全球供应链的重组到国际贸易政策的演变，现代国际贸易的特点涵盖了经济、政治、技术等多个维度。下面重点阐述现代国际贸易的主要特点。

（一）全球化与区域化并行

现代国际贸易的第一个突出特点是全球化与区域化并行发展的趋势。

1. 全球化

随着信息技术、交通运输技术的进步以及贸易壁垒的减少，国际贸易的全球化程度日益加深。全球化的推动力来自多方面的因素。首先是跨国公司的兴起，这些公司通过跨国并购、建立全球化生产网络和供应链，推动了全球资源配置的优化。其次，全球经济一体化加速，尤其是 20 世纪末期以来，WTO 的建立为全球贸易提供了更为稳定和规范的框架。贸易的便利化使得跨境商品、服务的流动更加自由，不断推进经济一体化的进程。

2. 区域化

尽管全球化加速，但区域化的趋势同样显著。许多地区性经济合作组织如欧盟（EU）、《北美自由贸易协议》（NAFTA，现由 USMCA 代替）、《区域全面经济伙伴关系协定》（RCEP）等的出现，标志着区域贸易合作越发重要。通过减少关税壁垒、简化通关程序、促进资源共享，区域贸易协议加强了区域内经济体的融合，特别是在亚洲、欧洲和美洲等地区。区域化不仅促进了区域内部的经济联系，也提升了区域国家在全球贸易中的竞争力。

（二）国际供应链与价值链的深度整合

当下，全球生产和消费的联系越发紧密，跨国企业和全球产业链的快速发展使国际贸易在结构上发生了深刻变化。

1．供应链全球化

供应链的全球化使得生产环节不再局限于国内市场，越来越多的商品和服务通过跨境流动形成全球生产网络。不同国家根据自身的资源禀赋、技术水平和劳动力成本等因素，参与到全球供应链的不同环节中。例如，东南亚地区因劳动力成本较低，成为全球制造业的重要生产基地；而欧美发达国家则更多地参与到高技术含量产品的研发和设计中。此外，中国作为"世界工厂"，凭借其强大的制造能力，已经成为全球供应链中不可或缺的一部分。

2．价值链分工

随着全球化进程的深入，国际贸易不仅体现为商品的简单交换，更体现为价值链上的分工合作。在现代贸易中，单一商品的生产往往由多个国家参与，各国根据其优势参与不同的生产环节。这种价值链分工不仅提升了生产效率，也使产品的附加值在全球范围内得到分配和再分配。例如，一部智能手机从设计研发到零部件生产，再到最终的组装和销售，涉及多个国家。这样，国际贸易的重点从单一商品的交易转向了全球价值链的重构和优化。

（三）数字化与科技驱动的贸易创新

随着数字化技术的迅猛发展，科技已成为推动现代国际贸易发展的核心动力之一。现代国际贸易的特点之一是越来越多的贸易活动受到数字技术、互联网和信息技术的深刻影响。

1．数字化交易

数字经济的兴起，使得传统的贸易形式发生了变化。通过数字化平台，商品和服务的交易不再局限于物理环境和交易场所。电子商务的发展使个人和企业能够通过互联网直接进行跨境交易，从而降低了进入国际市场的门槛。特别是B2B（企业对企业）和B2C（企业对消费者）模式的发展，不仅使产品的流通速度大大加快，还打破了地域和时区的限制。

2．数字货币与支付创新

伴随着数字贸易的兴起，数字货币和支付创新也成了现代国际贸易的重要组成部分。区块链技术的广泛应用，使得国际支付和结算更加高效、安全。在传统支付方式（如银行转账和信用卡支付）较为烦琐和费用较高的情况下，数字货币和加密货币提供了更为便捷的支付手段，尤其是在国际贸易中，能够降低和缩短跨境交易的成本和时间。由此，国际贸易支付的效率得到了显著提高。

3．人工智能与大数据

人工智能（AI）和大数据技术的发展正在推动国际贸易向精准化和个性化方向发展。通过大数据分析，企业可以更准确地了解市场需求，制定更加科学的出口和进口策略。同时，AI 的引入使全球贸易流程更加自动化和智能化，特别是在海关、物流、检验检疫等环节，大大减少了人工干预，提高了贸易效率。

（四）政策环境与国际贸易规则的不断演变

全球贸易环境的变化不仅受到国家间经济政策调整的影响，还受到地缘政治、社会变革以及国际组织规则变动的制约。

1．自由贸易与保护主义并存

在现代国际贸易中，自由贸易和保护主义的争论愈加激烈。一方面，自由贸易仍然是大多数国家和国际组织推行的主流政策。自由贸易有助于提高资源配置效率，促进全球经济增长，并加强不同国家或地区之间的经济互联互通。另一方面，由于全球化带来的社会不平等加剧，一些国家在国内经济面临压力时采取了贸易保护主义政策，如增加关税壁垒、对外资实施更多监管等。美国、英国等国家的贸易保护主义举措和政策，影响了全球贸易秩序，迫使世界各国重新审视全球贸易规则的公平性和可持续性。

2．国际贸易规则的改革与创新

全球化带来的挑战，使国际贸易规则和体制面临着越来越多的压力。特别是在 WTO 框架下，全球贸易规则亟待改革，以适应新的经济环境和技术进步。

数字贸易、跨境数据流动、电子支付等新兴领域并未被现有的国际贸易规则完全覆盖，这要求国际社会共同努力，制定符合现代经济发展的贸易规范。此外，一些国家和地区也开始推动双边或区域性贸易协议的签署，以便更好地保护各自的经济利益和提升全球经济治理能力。

（五）环境保护与可持续发展压力

随着全球贸易的不断发展，环保和可持续发展成为现代国际贸易中的一个重要议题。环境保护要求国际贸易不仅要关注经济效益，还要注重社会责任和环境影响。

1. 绿色贸易

随着气候变化问题日益严峻，绿色贸易应运而生。绿色贸易的核心是以环保为目标，推动符合可持续发展要求的商品和服务跨境流动。绿色贸易强调低碳、环保、资源节约型产品的生产和消费。这一趋势已经影响到多个行业，尤其是能源、汽车、电子产品等的生产和出口。例如，欧盟和美国在推动绿色贸易的同时，已通过制定严格的环保标准，对其他国家的产品设定绿色贸易壁垒。

2. 可持续发展目标

国际贸易与可持续发展的关系日益密切。联合国提出的可持续发展目标（SDGs）为全球贸易指出了新的方向。如何通过国际贸易促进全球经济的均衡发展、改善贫困状况、实现环境保护与社会公平等目标，已成为全球贸易政策的核心议题之一。国家间在进行贸易谈判时，越发关注贸易对社会和环境的影响，力求在促进经济增长的同时，减少对自然资源的过度开发和对环境的破坏。

三、国际贸易的起源与兴起

国际贸易的起源可以追溯到人类社会早期的物物交换活动。在史前时期，原始人类依靠简单的生产和采集满足日常需求，但随着生产力的发展和分工的出现，商品的交换开始在小范围内发生。当时的交换行为由局限于同一地区或同一部落内的物品交换，逐渐发展为跨地域的贸易活动，为后来的国际贸易奠定了基础。

（一）远古时期的物物交换

最早的国际贸易并非建立在货币基础之上，而是通过物物交换的形式进行。这种交换通常发生在各个部落之间，尽管它的规模较小，但已经具备了跨区域的特征。在远古时期，不同地区之间的产品种类存在较大差异，因此物物交换成了各个地区之间获得稀缺资源的主要方式。例如，在中东地区肥沃的新月地带，农耕文明的兴起促使粮食和其他农产品成为主要的交换商品，而在地中海沿岸地区，金属和陶瓷制品则是交换的重要物品。

随着物物交换逐渐扩展到更广阔的地域，贸易的形式也不断发展。各个地区的原材料、食物和工艺品被交换到其他地方，以满足不同文化和民族的需求。这一阶段的贸易虽然受限于交通、通信和运输水平，往往是低频率的，但为日后更大规模的国际贸易创造了条件。

（二）古代文明中的国际贸易

随着人类社会进入古代文明时期，国际贸易的规模逐渐扩大，复杂性逐渐增强。古代的贸易活动并非局限于物物交换，货币的出现进一步推动了国际贸易的发展。古埃及、两河流域、印度河流域和古代中国等早期文明均在不同程度上进行了跨国或跨文化的贸易交流。

例如，古埃及的法老王朝时期，埃及人通过尼罗河开展贸易，除了与本国境内的地区进行物资交换，还与远在亚洲和欧洲的国家建立了商业联系。埃及的金字塔、精美的珠宝首饰以及其他艺术品是埃及人向外进行贸易的主要商品，而埃及人则从其他地区获得了粮食、香料和其他必需品。这种贸易活动的开展，不仅促进了物资的流通，还推动了文化的交流，使不同文明之间的联系愈加紧密。

在古代中国的丝绸之路上，贸易活动更加频繁。中国的丝绸、陶瓷以及茶叶等商品被源源不断地出口到中亚、西亚、地中海沿岸地区，形成了跨文化的贸易网络。丝绸之路不仅是物资交换的通道，也是文化、技术乃至思想传播的重要渠道。通过这条路线，东西方的文化在相互交融中得到了发展，为全球经济体系的形成提供了早期的框架。

（三）海上贸易的兴起

随着技术的发展，尤其是航海技术的进步，海上贸易在中世纪时期取得了长足发展。大约在公元 15 世纪，欧洲的航海家开始探索新航道，通过海洋与亚洲、非洲及美洲等地区建立了直接的贸易联系。葡萄牙和西班牙的航海探险活动成为这一历史进程的重要标志。葡萄牙的航海家瓦斯科·达·伽马（Vosco da Cama）和西班牙的航海家克利斯托弗·哥伦布（Christopher Columbus）分别开辟了通往印度和美洲的新航线。这些航路的开辟极大地促进了全球范围内的贸易和经济交流。

在这一时期，欧洲已不再局限于与中东或北非开展贸易活动，而是扩展到了全球范围。西方国家开始从亚洲获取香料、丝绸和茶叶等珍贵商品，同时也开始将欧洲的工业制品和奢侈品销往其他地区。这种全球化的贸易活动促进了"航海帝国"的形成，尤其是葡萄牙和西班牙的商业帝国，逐步占据全球贸易的主导地位。

与此同时，荷兰、英国和法国等国家也通过商业和殖民扩张，在世界范围内开展了大规模的贸易活动。尤其是 17—18 世纪，随着欧洲经济的繁荣和工业革命的初步发展，全球贸易进入了一个全新的阶段，资本主义的经济模式开始形成，并对世界经济产生了深远的影响。

第二节　资本主义时期的国际贸易

一、资本主义各个时期的国际贸易发展

资本主义各个时期的国际贸易发展经历了多个阶段。从 16—18 世纪中叶的"资本主义生产方式准备时期"到 19 世纪末帝国主义的兴起，再到两次世界大战之间的全球经济变动，每个时期都标志着国际贸易模式的深刻变革。这些变革不仅与全球资本的积累和市场扩展紧密相关，也受到技术创新、国家政策、军事扩张等多重因素的影响。

（一）资本主义生产方式准备时期的国际贸易

资本主义生产方式准备时期，主要是指在大航海时代背景下，由重商主义政策主导的全球贸易扩展阶段。这一时期，国际贸易的模式主要体现为欧洲国家通过殖民扩张获取资源，并通过殖民地市场输出其生产的商品，形成了典型的"殖民贸易体系"。这一时期的国际贸易对世界经济格局的塑造产生了深远的影响。

16世纪，随着航海技术的不断进步，欧洲国家开始了大规模的海上探险与殖民扩张，葡萄牙、西班牙、荷兰、法国和英国等相继建立了庞大的殖民帝国。这一时期，国际贸易从传统的地中海区域扩展到全球范围，尤其是通过海上航线，欧洲国家能够直接与亚洲、美洲和非洲的市场对接，形成了全球性贸易网络。

通过海上贸易，欧洲的经济活动涉及了亚洲的香料、丝绸和茶叶市场，美洲的金银、棉花、糖、烟草以及奴隶市场。非洲成了奴隶贸易的主要来源地。殖民帝国通过资源的抽取与控制，获得了巨大的财富，促进了资本积累，为资本主义的发展奠定了基础。

（二）资本主义自由竞争时期的国际贸易

18世纪末至19世纪中叶，随着第一次工业革命的到来，国际贸易的结构和模式发生了根本变化。第一次工业革命不仅推动了生产力的发展，还催生了资本主义自由竞争的经济体系，使国际贸易从国家干预的重商主义向自由贸易转型。

第一次工业革命开始于18世纪末的英国，并迅速扩展到欧洲和北美。大规模的机械化生产使得欧洲的工业产量大幅提升，生产力的提高使欧洲市场的需求迅速增长，同时也促使了商品生产的全球化。大量商品不仅满足了英国等国家国内市场的需求，还促使它们开始大量出口到全球市场。

工业化导致了生产的规模化和效率的提升，从而降低了产品成本，使得商品进入全球竞争市场。此时的国际贸易不再仅仅依赖原材料的输出和殖民地的资源，工业产品开始占据主导地位，尤其是纺织品、钢铁、机器等工业品成为全球市场的重要商品。与此同时，随着运河、铁路和蒸汽船等交通基础设施的建设和工具的发展，跨国贸易的成本大幅降低，国际贸易的规模也得到了空前的扩展。

（三）向帝国主义过渡到第一次世界大战以前时期的国际贸易

19 世纪末，资本主义逐步从自由竞争阶段过渡到垄断资本主义，即帝国主义阶段。在这一阶段，国际贸易的特点由自由竞争的市场体系逐步转向以垄断为主导的全球贸易模式。

19 世纪末，欧洲的主要资本主义国家（如英国、法国、德国）以及新兴的大国（如美国和日本）在全球范围内争夺市场与资源。帝国主义的崛起使国际贸易不仅仅是自由市场的交换，更多地反映了国家之间的政治和军事力量对全球市场的控制。

资本主义国家通过经济、军事手段，扩大对殖民地的控制，形成了一个极其复杂的全球贸易体系。在此时期，帝国主义国家通过资本输出与殖民经济的开发，推动了全球化的进程。尤其是在非洲和亚洲，许多地区成为欧洲列强争夺的焦点。资源的掠夺性开发和市场的垄断是这一时期国际贸易的主要特点。

（四）两次世界大战之间时期（1914—1938 年）的国际贸易

第一次世界大战后，全球经济格局发生了巨变。大战的破坏性影响和随之而来的经济危机，使世界贸易陷入低迷状态。与此同时，资本主义国家间的竞争加剧，国际贸易在不稳定的经济背景下经历了重要的转型。

第一次世界大战（1914—1918 年）带来了严重的经济衰退，全球贸易大幅下降。战争消耗了大量资源，导致许多国家的生产力遭到严重破坏，世界经济陷入了长期衰退的困境。此外，战争结束后，欧洲国家的财政状况也极为紧张，部分国家为了恢复经济，采取了保护主义政策，限制进口以保护本国产业。

战争结束后，国际贸易并未迅速恢复。1929 年开始出现的世界经济大萧条进一步加剧了全球贸易的不稳定性，国家间的贸易壁垒日益增多，很多国家采取了提高关税和限制国际流通的政策，全球贸易几乎陷入停滞。

经济大萧条爆发后，世界各国纷纷实施保护主义政策。美国通过 1930 年的《斯姆特—霍利关税法》大幅提高进口关税，引发了全球范围内的贸易报复，国际贸易量迅速下降。其他主要经济体如英国、法国和德国也采取了类似的措施。

世界经济陷入了更加严重的危机，国际贸易的萎缩加剧了各国之间的经济冲突。

这一时期，全球贸易不再是资本主义自由竞争的体现，而是更加体现出国家对经济的干预和对外经济依赖的局限性。各国的贸易政策以保护国内市场、减少外部依赖为主要目标，而全球经济的不稳定性使得国际贸易的增长陷入停滞。

尽管全球贸易严重萎缩，但两次世界大战之间的时期也见证了国际部分经济合作的尝试。面对大萧条带来的全球经济困境，各国认识到单一的保护主义政策难以解决经济危机，国际合作的需求越发强烈。

例如，在 20 世纪 30 年代，国际货币基金组织（IMF）和世界银行的雏形逐渐浮现，尽管它们在两次世界大战之间并未完全形成，但这些组织的建立为战后国际经济秩序的重建提供了基础。同时，国际贸易协定和合作逐步得到加强，以期在战后促进全球经济复苏。美国作为全球经济的主导力量，倡导对外援助与国际市场重建，并通过"美国优先"的政策扩大了对其他国家的经济影响力。

与此同时，英联邦国家和部分欧洲国家也开始在贸易协议和经济合作方面进行协商。虽然这一时期的国际贸易形势较为严峻，但国际社会的经济合作意识逐渐增强，为战后全球经济体系的重建奠定了理论和实践基础。

二、重商主义与自由贸易理论的碰撞与融合

在资本主义经济体系逐步建立的过程中，国际贸易理论经历了重要的变革。16—18 世纪，重商主义理论主导了欧洲的经济政策，尤其是在国家对外贸易的控制方面，提出了"财富即金银"的理念，强调贸易顺差和国家财富的积累。然而，进入 18 世纪中期后，亚当·斯密的自由贸易理论逐渐兴起，对重商主义理论进行了批判。两种理论之间的碰撞与融合，不仅深刻影响了国际贸易理论的发展，还为现代国际经济体系的建立提供了理论基础。

（一）重商主义理论的兴起与核心观点

重商主义是一种主张国家通过严格的贸易管理和控制来积累财富的经济理论，在 16—18 世纪的欧洲尤其盛行。这个时期，欧洲各国纷纷通过强化国家干预和对外贸易的控制，来确保本国经济的发展与强大。重商主义的兴起与当时的

社会背景密切相关，尤其是在国家竞争和殖民扩张的背景下，各国经济政策的形成和演变受到保护主义和殖民主义思想的强烈影响。

1．财富的来源与国家的角色

重商主义的核心观点之一是"财富即金银"。该观点认为，一个国家的财富是通过其拥有的贵金属储备来衡量的。因此，重商主义主张通过增加金银的存量来增加国家财富，而国际贸易成为获取金银的主要手段。在这一理论中，出口被视为获取财富的途径，而进口则被看作财富流出。因此贸易顺差成为衡量国家经济健康的重要标志。

为了实现这一目标，重商主义支持政府对贸易的高度干预，特别是进出口方面的控制。各国政府通常会采取高关税、贸易限制等手段，限制进口，鼓励出口，通过贸易顺差来积累财富。此外，重商主义者认为，国家应当通过殖民扩张来获得更多的资源，确保经济的持续增长。殖民地成为欧洲国家获取财富的重要来源。通过对殖民地的资源掠夺、商品交换和市场控制，重商主义者期望扩大本国的金银储备，从而促进本国的经济发展。

2．对贸易平衡的重视

重商主义的关键思想是"贸易平衡"。为了保障国家财富的积累，重商主义者主张实行贸易顺差政策，即通过强制性出口和控制进口来确保国家的金银不断流入。这一观点反映了当时国家对外经济活动的高度控制，并且强化了政府在国际贸易中的干预作用。为了促进出口，重商主义者还主张建立殖民体系和强大的海上力量，通过控制全球市场来保证本国的贸易优势。

通过对全球贸易的垄断，尤其是对新兴殖民地的贸易控制，欧洲各国加强对殖民地的资源掠夺和市场渗透，进一步确保了本国经济的领先地位。在重商主义者看来，国家财富的积累和国内经济的繁荣与其在全球贸易中占据的优势地位是紧密相连的。

（二）自由贸易理论的崛起与主要观点

自由贸易理论的兴起，标志着对重商主义的全面反思和挑战。18 世纪中期，亚当·斯密通过其经典著作《国富论》提出了自由贸易的理论框架，开启了国际贸易理论的全新时代。自由贸易主张通过减少政府对经济活动的干预，允许市场力量自发调节资源的配置和财富的分配，推动国家和全球经济的发展。

1. 亚当·斯密的绝对优势理论

亚当·斯密的自由贸易理论的核心观点是"绝对优势"，即一个国家在生产某些商品时，如果比其他国家具有更高的生产效率，那么该国应该专注于这些商品的生产，而其他国家则应专注于自己具有绝对优势的商品生产。各国根据各自的优势进行生产，将使世界整体的资源配置更加高效，从而提升全球财富的总量。

这一理论强调贸易不是零和博弈，而是互利共赢的过程。亚当·斯密认为，重商主义者过于强调财富的积累，忽视了贸易的实际效益。他主张通过自由贸易，打破贸易壁垒，允许各国专注于自己最具竞争力的领域，从而使每个国家都能从全球贸易中获得更大的利益。在这种理论框架下，政府应当尽可能地减少对贸易的干预，让市场机制自由运作。

2. 贸易自由化与国家利益

亚当·斯密的自由贸易理论提出了一种重要思想，即国际贸易应该建立在国家的"比较优势"之上，即各国应当依据自己的资源禀赋和生产条件，选择在全球市场中具有竞争力的产品进行生产和出口，而不必强求出口所有商品。通过这种形式的资源优化配置，全球经济的总产出将得到提高，世界各国也能从中获得更大的福利。

与重商主义的"贸易平衡"观念不同，自由贸易理论认为国家不应过度关注贸易顺差，而应当关注通过资源和产品的有效配置来提升整体的经济福利。亚当·斯密进一步主张，国际市场应该减少贸易壁垒，消除关税和其他贸易障碍，从而实现商品、资本和劳动力的自由流动。通过消除贸易壁垒，自由贸易不仅能提升经济效率，还能促进创新和技术进步，推动全球经济的长期增长。

（三）重商主义与自由贸易理论的碰撞

自由贸易理论的崛起对重商主义形成了强有力的挑战。重商主义主张政府对经济的严格管控，强调贸易顺差和财富积累。而自由贸易理论则提倡市场力量的自由流动，认为应当减少政府对贸易的干预，促进全球资源的优化配置。两者的理论基础和实践目标存在显著的差异，代表了不同的经济哲学。

1. 政府干预与市场机制的对立

重商主义的核心在于政府干预贸易，重商主义认为国家应当采取强有力的政策措施来保护本国经济和积累财富。而自由贸易理论则强调政府的作用应该最小化，市场应当由自发的供求关系决定商品的流通和价格。重商主义认为，国家的财富是通过控制外部资源和市场来积累的；而自由贸易理论则认为，财富的创造应该通过自由交换和效率的提升来实现。

这一对立的观点在全球范围内产生了深远的影响。特别是在 18 世纪后期，欧洲各国逐渐开始接受自由贸易理论，并逐步进行改革。英国作为全球贸易的领导者，开始大力推行自由贸易政策，最终通过《1846 年谷物法》废除了贸易保护主义政策，标志着自由贸易理论的实际应用。与此同时，其他欧洲国家的贸易政策也开始向自由化方向转型，尽管这种转变并非一蹴而就的，但自由贸易的理念逐渐占据主流地位。

2. 国际竞争与经济全球化

重商主义和自由贸易理论的碰撞不仅是两种理论的对立，更是两种经济模式的博弈。随着自由贸易理论的逐步推行，全球贸易模式逐渐由重商主义主导的保护主义走向了开放、竞争的自由市场模式。国家之间的经济竞争更加依赖于市场力量和国际竞争力，而非单纯的贸易控制和资源积累。这一转变不仅加快了全球化进程，也推动了跨国公司的发展、技术创新和资本流动的全球化。

在现代全球化经济体系中，虽然自由贸易理论占据主导地位，但在许多地区和领域，重商主义的影响依然存在。例如，某些国家仍然通过贸易壁垒、补贴政策和非关税壁垒等手段保护本国经济。尽管自由贸易理论为全球经济的增长提供了强大的理论支持，但全球经济的实际运作仍然充满复杂的利益博弈。

（四）重商主义与自由贸易的融合

尽管重商主义和自由贸易理论在某些方面存在激烈的矛盾，但在实际的国际贸易政策中，两者也并非完全对立或互不相容。许多国家在推进自由贸易的同时，仍然在某些领域保留了重商主义的元素。实际上，许多现代贸易政策都是在两种理论的交织中发展起来的。例如，一些发展中国家在加入全球自由贸易体系的过程中，往往需要通过某些保护主义措施来保障本国的经济安全和发展空间。

随着全球化进程的加速，自由贸易与重商主义之间的融合在一定程度上促进了全球经济的多元化发展。国家不仅要在全球市场中寻求利益，还需要通过制定合理的政策来确保本国经济的稳定和持续增长。自由贸易的推进与重商主义的历史遗产之间的互动与调整，形成了现代国际贸易中复杂的政策格局和实践路径。

第三节 "二战"后国际贸易的发展

一、国际贸易发展迅速但不稳定

"二战"结束后的几十年里，国际贸易快速发展，但也伴随着一系列波动和不稳定因素。1945—1973 年，国际贸易的增长速度显著加快，但进入 1973 年后，全球经济面临许多挑战，国际贸易的发展出现了放缓乃至停滞的迹象。这一阶段的国际贸易发展分为三个明显的阶段：快速增长、增长放缓和再度回落。

（一）第一阶段

从第二次世界大战结束到 1973 年，是国际贸易快速增长阶段。

1. 第二次世界大战后国际出口贸易量的增长速度大大提高

"二战"结束后，全球经济逐渐恢复，各国通过降低关税、重建国际市场和消除贸易壁垒，推动了国际贸易的飞速增长。"二战"期间，由于各国的资源被迫转向战争消耗，全球生产和贸易活动受到了严重干扰。然而，战争结束后，世界各国通过签订贸易协定、实施贸易扩张政策以及恢复生产力，迅速恢复了国际贸易。

20世纪50—60年代，全球经济增长呈现出较高的速度，国际出口贸易量的年均增长率一度超过10%。尤其是战后重建需要大量原材料和设备，各国的生产能力逐步恢复，这使得国际贸易量迅速增长。

2. 第二次世界大战后国际出口贸易量的增长速度超过工业生产的增长速度

随着全球经济逐步恢复，国际市场的开放加快，世界各国的贸易量远远超过了本国工业生产的增长速度。各国加强了对外贸易的依赖，尤其是在工业化、机械化生产过程中，出口的商品远超国内的生产和需求，形成了明显的贸易顺差。

这一阶段，资本主义世界的许多国家通过加大对外出口的力度，提升对外贸易依赖度。美、英、德、法等西方发达国家利用其经济恢复的优势，向全球市场供应了大量工业制成品，尤其是机械、化工、钢铁等基础工业产品。

3. 工业制成品在国际贸易中所占的比重从1953年起超过初级产品所占的比重

第二次世界大战后，世界经济逐渐由传统的农业生产向工业化生产过渡。1953年，工业制成品在全球出口贸易中的比重超过了初级产品（如矿产、农产品等）。这一变化标志着全球贸易结构的重大转型。工业制成品的兴起不仅反映了生产力的提升，也反映了全球产业链的逐步形成。

这一时期，西方发达国家成为工业制成品的主要生产者和出口商，而许多发展中国家则更多地依赖初级产品的出口。随着生产技术的提升，工业制成品的出口逐渐成为国际贸易中的主流，为全球经济发展奠定了基础。

（二）第二阶段

1973—1985年，是国际贸易由快速增长转向缓慢发展，甚至停滞的阶段。

1. 国际出口贸易量的增长速度放慢，甚至停滞

20世纪70年代后期，全球经济出现了严重的波动，尤其是石油危机、全球通货膨胀等经济因素的影响，国际贸易的增长速度逐渐放缓。1973年爆发的第一次石油危机引发了全球范围内的经济滞胀，石油价格的剧烈上涨不仅导致了能源成本的增加，还使许多国家的经济出现了严重衰退。

在此背景下，全球贸易的增长速度下降，部分国家出现了贸易赤字和经济衰退，尤其是一些依赖进口原料的国家，经济压力陡增，出口面临阻力。这一时期，国际市场的需求增速放缓，导致了贸易增长的不稳定。

2. 国际出口贸易量的增长速度低于工业生产的增长速度

20世界70年代中期以后，工业生产的增长速度显著超过了国际出口的增长速度。由于国际贸易环境的变化，各国经济的产业结构逐渐调整，生产的产品虽然增加，但面对国际市场的需求不振，贸易量的增长明显低于生产增长。

这一阶段，全球经济中的"贸易不均衡"现象加剧，发展中国家的贸易问题越发突出，而发达国家则因产业结构的转型而陷入产能过剩的困境。

3. 国际出口贸易值增长起伏较大

由于全球经济环境不稳定，尤其是受石油危机、贸易保护主义上升等的影响，国际出口贸易值的增长呈现出大幅波动的特征。尽管全球经济在20世纪70年代末期出现了短暂的复苏，但整体增长速度远低于50年代和60年代的高峰期。国际贸易的起伏反映了全球经济体系的脆弱性以及对外部因素的敏感性。

（三）第三阶段

20世纪80年代后半期至21世纪初，是国际贸易发展速度从回升转为下降的阶段。

1. 国际出口贸易量的增长速度从回升转缓

20世纪80年代后半期，国际贸易有所回升，尤其是在全球化浪潮的推动下，世界贸易再度增长。然而，这一回升并未持续太久，随着技术革新和信息化时代的到来，市场竞争变得更加激烈，出口增长开始显现疲态。全球经济逐渐从制造业驱动转向服务业驱动，这对国际出口贸易量的增长产生了不小的影响。

2. 国际出口贸易值增长迅速转缓

国际出口贸易值增长逐渐趋缓。特别是随着产业的外包化和全球供应链的形成，发达国家的出口增长受到一定制约。同时，全球经济中的新兴市场，尤其是中国、印度等国家的崛起，使全球贸易的重心发生了变化。国际出口贸易值的增长呈现出更多波动，尤其是面临经济危机时，增长迅速转缓。

3．本阶段国际出口贸易量的增长速度从超过世界经济增长速度转为出口贸易量降幅高于世界经济跌幅

21世纪初，国际贸易量的增长速度逐渐低于全球经济的增长速度。随着全球化的推进，世界各国间的经济联系更为紧密，但由于国际市场疲软以及经济衰退的影响，全球贸易增速放缓。在经济危机时期，国际出口贸易的下降幅度往往大于全球经济的萎缩幅度，全球贸易的波动性愈加明显。

二、发达资本主义国家在国际贸易中居主体地位

（一）美国仍是当代国际贸易大国之一

作为全球最大的经济体之一，美国依然在全球贸易中占据着举足轻重的地位。特别是在"二战"后，美国在国际市场的主导地位得到巩固，依托其强大的经济、科技以及军事实力，美国不仅是全球商品贸易的主导者，还通过跨国公司在全球资本流动、技术扩散等方面保持着领导地位。

进入21世纪后，美国虽然面临中国等新兴市场国家崛起的挑战，但仍然是全球贸易体系的重要参与者。其商品、技术及服务的出口依然占据全球贸易的重要份额，尤其在航空、农业、技术产品和金融服务等领域，美国的竞争力依然处于全球领先水平。

（二）日本国际贸易由迅速增长转向缓慢增长

日本在20世纪后半期迅速崛起，成为世界贸易的重要参与者。特别是在20世纪60—80年代，日本的出口贸易量呈现爆发式增长，汽车、电子产品和机械制品等成为其主要出口商品。随着日本经济的发展，日本在全球市场上的地位逐步上升。

然而，进入90年代后，日本经济增速放缓，其国际贸易增长逐渐趋于稳定。日本的出口商品结构逐步由传统的低技术含量产品向高技术产品转型，但在全球

化浪潮下,其市场份额受到了其他新兴市场国家的影响。

三、国际贸易结构向高科技产品、服务业发展

(一)在货物出口贸易中,工业制成品所占比重超过初级产品

第二次世界大战后,全球贸易结构经历了根本性变化,工业制成品在全球货物出口中的比重逐渐超过了初级产品。随着技术革新、生产力提升,发达国家逐渐转向以工业制成品为主的出口商品,而发展中国家则依旧以初级产品为主要出口商品。全球贸易逐步从依赖传统农产品、矿产产品的初级产品贸易转向依赖机械、电子等工业制成品。

(二)在工业制成品贸易中,机械产品在各大类商品中的增长最快,在世界出口贸易中所占比重不断提高

在全球工业制成品贸易中,机械产品,特别是精密机械、电子设备和运输工具,成为各国出口的重要组成部分。随着工业化进程的深入和技术革新,机械类产品逐渐成为全球贸易的主力军。20世纪中期,机械产品的生产技术不断进步。特别是日本、德国和美国等工业化国家,凭借强大的制造能力和技术优势,占据了全球机械产品贸易的主导地位。

例如,汽车工业的兴起,尤其是日本汽车品牌的崛起,对全球贸易产生了显著影响。进入20世纪90年代后,机械产品不仅在发达国家之间流通,甚至开始在新兴市场国家占据重要地位,尤其是中国等国家成为全球机械产品制造与出口的重要力量。至21世纪初,机械设备和电子产品的出口在全球贸易中所占份额越来越大,这反映出全球产业链结构的不断升级与转型。

(三)工业制成品在发展中国家和地区货物出口贸易中所占比重迅速上升

随着全球化的推进,许多发展中国家逐步从初级产品出口向工业制成品出口转型。尤其是中国、印度、巴西、东南亚等国家或地区,开始快速发展制造

业，并在国际市场上占据越来越重要的地位。20 世纪 80 年代以来，随着外资的流入和产业转移，许多发展中国家不再单纯依赖农产品和矿产资源的出口，开始大量生产和出口工业制成品。

例如，改革开放以来，我国成为"世界工厂"，承接了大量制造业外包，尤其是劳动密集型产品和低技术含量的消费品逐渐成为主要出口商品。随着技术的提升和产业结构的不断优化，发展中国家不仅出口传统的低附加值商品，还开始向高技术产品扩展。这一变化不仅改变了全球贸易的格局，也使得发展中国家在国际贸易中的地位显著提高。

（四）高新技术产品在国际贸易商品结构中发展迅速

随着全球科技的飞速发展，特别是信息技术、生物技术、清洁能源等高新技术产业的崛起，相关产品在全球贸易中的比重迅速增加。20 世纪 90 年代末至 21 世纪初，全球市场对高新技术产品的需求急剧增加。美国、欧盟成员国和日本等发达国家通过技术创新和跨国公司，主导了这一趋势。

信息通信技术（ICT）产品，特别是智能手机、计算机、软件和互联网服务等，成为全球贸易中最重要的商品之一。例如，苹果、微软、英特尔等科技巨头不断推出创新产品，占据了全球市场的重要份额。与此同时，亚洲一些新兴经济体，特别是中国，也在高新技术领域取得了显著进展。中国不仅成为全球最大的电子产品生产国，也逐渐成为世界上最重要的技术创新中心之一。

随着高新技术产品的不断发展与生产规模扩张，全球贸易结构发生了深刻变化。技术含量高、附加值大的高新技术产品取代了许多传统商品，成为国际贸易中最具竞争力和增长潜力的商品。这一转型标志着全球经济正在从以劳动密集型和资源密集型产品为主的制造业经济，向以知识密集型和技术创新驱动的现代经济模式转变。

（五）服务贸易在国际贸易中的地位不断提高

随着全球化的深入和信息化时代的到来，服务贸易在国际贸易中的地位不断上升。20 世纪 90 年代以来，在发达国家，服务业逐渐成为经济增长的重要驱动力。金融、保险、旅游、教育、医疗、文化和信息技术等服务行业成为跨境贸易的重要内容。

特别是金融服务业，随着全球资本流动的自由化和国际金融市场的整合，跨国银行和保险公司开始在全球范围内提供服务，推动了全球金融服务贸易的迅速发展。与此同时，全球旅游业、在线教育和远程医疗等服务贸易也在国际市场上逐步扩展，成为全球贸易的新兴力量。

服务贸易的扩展不仅表现为传统服务行业的跨国流动，也与数字化、互联网化紧密相关。通过电子商务和信息技术平台，全球服务贸易的范围不断扩展，从传统的实体服务向虚拟服务转型。随着技术的进步和全球贸易体制的完善，服务贸易在世界经济中的地位愈加重要，并逐渐成为全球经济增长的重要组成部分。

四、跨国公司成为国际贸易的主要力量

跨国公司（MNCs）在 20 世纪下半叶迅速发展，成为推动全球贸易和资本流动的核心力量。随着全球化的加速和经济一体化进程的加快，跨国公司通过跨境投资、技术转移和全球供应链的建立，主导了国际贸易格局的演变。

（一）跨国公司数量剧增

20 世纪 70 年代以来，跨国公司数量急剧增加。它们不仅仅在产品和服务的生产上跨越国界，还通过在全球范围内的并购、合资和投资等方式，形成了遍布全球的企业网络。特别是一些全球知名的大型跨国公司，如美国的苹果、微软、谷歌，德国的大众、宝马等，不仅在国内市场占据主导地位，也通过全球业务拓展，成为推动国际贸易发展的关键力量。

跨国公司在全球生产、研发、销售等环节的布局，打破了国家和区域的限制，实现了全球市场一体化。它们的业务活动不仅推动了商品和服务的跨国流动，还加速了技术、资金和人才的国际流动，进一步推动了全球化进程。

（二）跨国公司在世界生产、贸易和投资中占主要地位

跨国公司通过全球网络的建立，使生产和销售活动国际化。许多跨国公司

选择将生产环节外包或转移到劳动力成本较低的国家和地区，以有效降低生产成本，并通过全球市场获得更高的利润。同时，它们通过大规模的资本运作、跨国投资和并购活动，加强了全球经济的联系。

这些跨国公司不仅仅是国际商品贸易的重要推动者，更在资本流动、知识转移和技术创新等方面发挥着主导作用。它们在全球经济中的"总部—分支机构"模式，形成了一个复杂而高效的全球产业链。跨国公司使全球贸易的规模和效率得到了前所未有的扩大和提升。

（三）技术贸易占比重大

随着技术和创新成为全球经济竞争的关键，技术贸易在跨国公司及国际贸易中的地位逐渐上升。跨国公司通过技术转让、专利购买、研发合作等形式，加速了全球技术的传播与共享。特别是在信息技术、电子通信、生物医药等高新技术领域，跨国公司通过收购、合资和专利许可等手段，掌控了全球技术流动的主导权。

在技术贸易的推动下，全球的生产模式和贸易结构发生了显著的变化。跨国公司不仅仅依靠传统的商品贸易，更通过技术和知识产权的跨国转移，进一步提升了全球贸易的复杂度和技术含量。

五、贸易集团化的趋势增强

20 世纪末，随着全球化的深入，贸易集团化成为全球贸易发展的重要趋势。区域性经济合作组织和自由贸易区的形成，不仅促进了成员国之间的贸易自由化，也加速了全球市场的融合。

（一）贸易集团化的进程加快

自 20 世纪 90 年代起，各种形式的贸易集团和区域合作组织逐渐兴起，如欧盟（EU）、北美自由贸易区（NAFTA）、东盟自由贸易区（AFTA）等。这些贸易集团通过降低成员国之间的关税壁垒、加强市场一体化，为区域贸易的发展提供了广阔的空间。同时，跨国公司和国际资本的流动，也加快了区域经济一体化的步伐。

（二）贸易集团化的规模日益扩大

随着全球经济和政治环境的变化，越来越多的国家选择加入或发起自由贸易区。贸易集团化的规模不断扩大，不仅包括发达国家，还涵盖了大量发展中国家。这些国家通过加入贸易集团，得以更好地参与全球贸易，增加了市场准入机会，促进了区域内贸易的增加。

（三）贸易集团数量增加

随着贸易集团化的进程不断加快，全球范围内的自由贸易区和经济合作组织数量不断增加。1990 年以来，全球范围内形成了多个区域性贸易集团，如欧洲的欧盟（EU）、拉美的美洲自由贸易区（FTAA）、亚洲的中国—东盟自由贸易区（CAFTA）等。这些集团极大地促进了区域内和跨区域的贸易联系，推动了全球贸易的深化。

（四）贸易集团的主要形式是自由贸易区

20 世纪末以来，自由贸易区（FTA）成为贸易集团化的主要形式。自由贸易区是指参与国之间通过协议消除关税和非关税壁垒，促进商品、服务和资本的自由流动。与关税同盟或关税联盟不同，自由贸易区内的国家保留了各自的外部贸易政策，但内部贸易的自由化程度很高。

例如，欧洲的欧盟、北美的美洲自由贸易区以及亚洲的中国—东盟自由贸易区等都属于自由贸易区的典型形式。这些区域性自由贸易区通过减少或消除关税、统一技术标准和法规等措施，极大地促进了成员国之间的经济合作和贸易流通。

在全球经济一体化进程中，越来越多的国家通过加入这些自由贸易区，提升了市场竞争力，并获得了更好的市场准入机会。自由贸易区为全球供应链提供了更为广泛的联系网络，加强了跨区域和跨国界的贸易流动。

（五）贸易集团形成的基础发生变化

最初，贸易集团的形成通常基于地理位置和政治联盟，例如欧洲经济共同体（EEC）和非洲经济共同体（AEC）等。然而，随着全球化的加速，贸易集团的形成开始逐步摆脱地理和政治上的限制，更多地基于经济利益和市场潜力。例如，亚太经济合作组织（APEC）就是一种跨区域的经济合作组织，成员包括东亚、北美、南美以及大洋洲的多个经济体，展现了全球经济一体化的趋势。

如今，许多国家和地区都倾向于通过加入多个贸易集团，以多重合作关系最大化自身利益。这种现象促使全球经济体系在区域性经济合作和全球贸易规则之间寻求平衡。

（六）贸易集团内部贸易不断扩大

随着全球贸易一体化进程的加速，贸易集团内部的贸易额大幅增长。通过消除关税壁垒和推进经济一体化措施，贸易集团内部的商品和服务流通逐渐自由化，成员国之间的经济互依性增强。例如，欧盟和北美自由贸易区成员国之间的贸易额在自由贸易协议签订后的几年内大幅增加，进一步巩固了这些集团的内部市场。

此外，贸易集团内部的基础设施互联互通、技术标准统一、投资和资金流动也得到了极大的促进，使得区域内贸易的规模和深度不断拓展。这种贸易内部化的趋势不仅促进了集团成员间的经济合作，也为全球贸易的整体增长贡献了力量。

六、WTO 的多边贸易体制作用加强

随着全球化的深入，WTO 逐渐成为国际贸易的重要枢纽。WTO 不仅规范了成员国之间的贸易行为，还加强了对全球贸易规则和机制的制定，特别是在关税、贸易争端解决、贸易自由化等方面，发挥了至关重要的作用。

（一）WTO 成员截至 2009 年 1 月达到 153 个，其贸易额占世界贸易额的 90% 以上

WTO 自成立以来，成员数量逐年增加，截至 2009 年 1 月已达到 153 个，几乎涵盖了全球所有的主要经济体。随着全球经济一体化的加深，WTO 成了国际

贸易的核心机构。WTO 成员的贸易总额已占全球贸易总额的 90% 以上，极大地促进了全球市场的统一性和稳定性。

这些成员通过共同遵循 WTO 的贸易规则，避免了单边贸易保护主义和贸易战的出现，推动了全球贸易的自由化和透明化。WTO 的多边贸易体系通过降低贸易壁垒、简化关税政策和促进跨国投资，为世界经济提供了更加稳定的框架。

（二）WTO 是一个永久性的正式国际组织，具有国际法人地位

WTO 成立于 1995 年，继承了 1947 年成立的《关税与贸易总协定》（GATT），并在原有基础上扩展了许多新的领域，如投资、服务贸易、知识产权等。WTO 是一个永久性的正式国际组织，具有独立的国际法人地位，能够代表成员进行谈判和管理国际贸易事宜。

通过 WTO 的框架，国际社会能够制定和协调全球贸易的规则和标准，避免了各国贸易政策的不一致和政策冲突，从而确保了国际贸易的顺畅运行。

（三）WTO 负责实施管理的贸易协定与协议，从货物延伸到投资、服务贸易和知识产权，把货物、服务、投资与知识产权有机地结合起来

WTO 不仅仅涉及货物贸易的管理，还涉及服务贸易、知识产权保护和投资等多个领域。它通过协议和谈判机制，确保成员在货物、服务、资本和知识产权等多方面能够达成共识，并形成有效的管理框架。

例如，WTO 的《服务贸易总协定》（GATS）为全球服务贸易提供了规则，而《与贸易有关的知识产权协定》（TRIPS）则确保了知识产权在国际贸易中的有效保护。这些协定的实施，为全球经济的协调发展提供了有的力支持。

（四）WTO 对其成员的约束力和贸易争端的解决能力均超过 1947 年的 GATT

与 GATT 相比，WTO 具备更强的约束力和更完善的争端解决机制。WTO 的争端解决机制为成员国提供了一个明确、公正的途径来解决贸易争端，从而避免

了单方面的贸易报复行为。WTO 的决策程序和争端解决程序比 GATT 更加透明和高效。

这种争端解决能力不仅增强了成员对 WTO 规则的信任，也有效地减少了国际贸易中的不确定性和摩擦，为全球贸易的稳定发展营造了有利环境。

（五）WTO 更为关注世界可持续发展和发展中国家的贸易利益

近年来，WTO 更加关注全球可持续发展议题和发展中国家的贸易利益。特别是在环境保护、劳动标准等方面，WTO 的议程逐渐向可持续发展方向倾斜。同时，WTO 也加大了对最不发达国家（LDCs）的支持，帮助这些国家提升参与全球贸易的能力，缩小与发达国家之间的经济差距。

WTO 通过提供技术援助、加强贸易培训和为发展中国家提供更多市场准入机会等措施，积极推动"全球南方"国家融入全球经济体系，为全球贸易的平衡和公平发展奠定了基础。

七、国际电子商务在世界经济和贸易中发挥着重要作用

随着互联网技术的普及和信息化的迅速发展，国际电子商务已经成为全球贸易的重要组成部分。电子商务通过互联网平台打破了地域和时间的限制，使得全球消费者和商家可以随时随地进行交易，推动了全球消费市场的扩展。

电子商务的快速发展不仅促进了商品和服务的跨境流动，也推动了新兴市场国家参与全球贸易。例如，中国的阿里巴巴、京东等电子商务平台，在全球范围内形成了强大的电子商务网络，改变了传统贸易模式。

同时，国际电子商务也加速了全球供应链的重组，促使更多企业（尤其是中小型企业）进入全球市场，通过电子商务平台与全球客户直接对接，降低了进入国际市场的门槛。这一变化极大地促进了全球贸易的增长，为各国经济提供了新的增长动力。

第四节　改革开放以来中国的对外贸易

一、进出口贸易规模迅速扩大

改革开放以来，中国的对外贸易规模显著增长，中国从一个相对封闭的经济体逐步转型为世界上最大的贸易国之一。这一过程不仅体现了中国经济的崛起，也标志着中国融入全球经济体系的深刻变化。中国对外贸易的迅速扩展，伴随着国际市场需求的多样化、国内产业结构的转型以及外资引进的加强等，逐步形成了独具特色的贸易格局和对外贸易发展模式。

（一）进出口贸易的起步与恢复

1978 年，改革开放政策的实施标志着中国对外开放的大门正式开启。中国的对外贸易在经历了长期的自给自足和计划经济体制的局限阶段后，开始逐步恢复并扩大。改革开放初期，中国的对外贸易并未出现爆发式增长，但随着国内市场需求的增加和对外开放措施的逐步落实，贸易活动逐渐恢复，进出口规模有所扩大。

1979 年，中华人民共和国加入了 WTO 的前身——GATT。这一举措为中国的对外贸易提供了更为明确的国际法律框架和更为稳定的国际贸易环境。此时，中国的对外贸易规模虽然相对较小，但已经开始显示出向外扩展的潜力。

1979—1984 年，中国的对外贸易增速虽然相对缓慢，但对外贸易政策逐渐得到落实。国家提出了"引进外资、技术和先进管理经验"的战略，外资企业的涌入为中国的对外贸易注入了活力。进出口的商品结构逐步多样化，尤其是机械设备、电子产品等高附加值产品逐渐开始进入贸易范畴。

（二）对外贸易体制改革与进出口贸易的加速发展

20 世纪 80 年代中期，随着改革开放的深入，中国的对外贸易在规模和结构上都发生了显著变化。1984 年，中国进一步推动对外贸易体制改革，试点设立了对外开放的沿海城市经济特区。这些政策促进了外资的引入和对外贸易的规模化发展。特别是在 1985 年中国提出对外经济体制改革的新方针后，对外贸易政策逐渐放宽，出口导向型的经济发展战略逐步成为主流。

这一时期，中国的进出口规模显著扩大。1985 年，中国的进出口总额已达到 880 亿美元，与改革开放初期的水平相比大幅增长。随着对外开放的深入，尤其是加入世界贸易体系的预期开始显现，更多的外国企业开始进入中国市场，同时，中国企业也逐步参与到全球市场竞争中。

1990 年，随着内外政策环境的逐步优化，进出口商品的类别更加丰富。除传统的农产品和初级资源外，机械设备、电子产品、纺织品等高附加值商品开始成为出口的主力军。同时，中国对外贸易的市场逐渐拓展，从最初的邻近国家扩展到欧美、东南亚及世界其他地区，形成了较为多元化的国际市场格局。

（三）加入 WTO 的推动作用与国际贸易规模的飞速增长

20 世纪 90 年代中期，中国的对外贸易迎来了一个重要的历史节点——加入 WTO。1991 年，中国正式提出加入 WTO 的申请，并于 2001 年正式加入。这一进程标志着中国的对外贸易政策实现了质的飞跃，不仅促进了国际市场的进一步开放，也推动了国内改革的深化。

加入 WTO 后，中国对外贸易规模迎来了飞速扩张。据统计，2001 年，中国的进出口总额已经突破 5000 亿美元，出口额和进口额分别为 3250 亿美元和 1700 亿美元。这一增长速度在全球范围内都是罕见的。特别是在出口方面，中国迅速成为全球主要的出口大国。机械、电子产品、纺织品、玩具等成为中国出口的"主力军"，而国内企业通过加入 WTO 实现了与世界经济的深度对接。

在加入 WTO 后，中国对外贸易的结构发生了重要变化。原本依赖低端劳动密集型产业的中国开始大力发展技术和资本密集型产业。越来越多的高科技产品，如手机、家电、汽车等开始进入国际市场。与此同时，国内制造业的规模迅速扩张，全球供应链开始更多地依赖中国的制造能力。

（四）全球贸易一体化与中国成为世界贸易大国

进入 21 世纪后，中国对外贸易的规模持续扩张，成为全球最重要的贸易大国之一。随着全球化进程的加快，中国凭借庞大的劳动力市场、低廉的生产成本、逐步升级的产业结构以及国家政策的支持，进一步巩固了在全球市场中的地位。据统计，2008 年，中国的对外贸易总额已突破 2.5 万亿美元，成为全球第三大贸易国。

这一时期，中国不仅成为"世界工厂"，还在多个领域逐步发展成全球供应链的核心节点。从初期的劳动密集型制造业到现在的高端制造业，尤其在家电、通信、汽车、机械等多个领域，中国企业逐渐获得全球市场的份额。此外，中国开始向服务贸易领域扩展，金融、物流、信息技术等服务业逐渐在国际贸易中占据一席之地。

随着中国经济的持续增长和国际影响力的提升，人民币的国际化进程开始加速。2009 年，中国提出了推动人民币国际化的战略。这不仅促进了人民币在国际贸易中的使用，也促进了中国对外贸易和国际资本流动的紧密结合。

（五）新兴市场和跨国贸易网络的扩展

2010—2019 年，中国对外贸易的发展呈现出新的特点。在继续扩大对欧美发达国家市场的出口的同时，中国加强了与新兴市场和发展中国家的贸易合作，特别是在共建"一带一路"倡议的推动下，中国逐渐成为全球贸易和投资的枢纽。

共建"一带一路"倡议促进了中国与亚洲、非洲、拉美等地区的经贸联系。中国的进出口贸易结构逐步优化，除传统机械制造、纺织品等商品，高技术产品和绿色环保产品的出口也开始增长。与此同时，中国的进口贸易量显著增长，尤其是在能源、矿产、先进技术设备等领域的需求进一步增加。

中国成为全球贸易链条中的重要环节，其进出口贸易的规模和结构日益复杂。特别是随着国际物流、数字贸易和跨国电子商务的发展，跨境电子商务和数字服务贸易成了中国对外贸易的重要组成部分。中国逐步实现了从传统贸易到现代贸易的转型，其进出口贸易规模持续扩大，中国成为全球贸易体系中的重要一环。

从改革开放到今天，中国的对外贸易已从一个相对封闭的市场逐步发展成为全球最大、最重要的贸易体系之一。中国通过不断扩大改革开放、加入国际经济组织、加强产业升级以及实施全球化战略，使进出口贸易规模迅速扩大。尤其是在加入 WTO 后，中国不仅成为世界最大的出口国，还逐渐向全球市场深度扩展。未来，随着中国进一步推动国际化、创新与高技术产业的发展，进出口贸易规模将持续扩张，进一步提升自身在全球经济中的领导地位。

二、进出口商品结构不断优化

改革开放以来，中国的对外贸易结构发生了很大的变化，商品结构不断优化，逐步形成了以工业制成品为主的多元化出口结构，并随着经济的持续增长和产业升级，进出口商品结构不断向高科技、高附加值产品转型。中国的对外贸易不仅在总量上实现了突破，更在商品类别、技术含量、市场分布等方面实现了质的飞跃。这显示出其贸易结构的日益成熟和多元化。

（一）改革开放初期：初级产品与劳动密集型商品占主导地位

1978 年，改革开放政策开始实施，中国的对外贸易逐步复苏。在这一时期，中国的进出口商品结构以初级产品和劳动密集型商品为主。由于国内工业基础薄弱，技术水平较低，出口商品主要集中在资源型产品和简单加工的产品上，尤其是农产品、纺织品、家居用品等。

改革开放初期，中国的对外贸易依赖于初级产品的出口。以农产品为例，早期的出口商品主要是大宗粮食、茶叶、天然橡胶、矿产资源等基础性原材料，这些商品虽然在全球市场占据一定份额，但由于附加值低、市场波动大、竞争压力大，初期的贸易模式面临较多挑战。

与之相对，进口商品主要集中在技术含量较高的工业产品和设备上。为了推动国内工业化进程，中国在改革开放初期加大了机械设备、化工原料及技术设备等工业制成品的进口力度。通过这种方式，中国引进了大量外资和先进技术，推动了国内经济和工业结构的转型。

（二）20 世纪 80 年代中期：工业制成品初步突破，劳动密集型商品继续增长

20 世纪 80 年代中期，随着中国经济体制改革的深化，进出口商品结构开始发生初步变化。中国加快了对外开放的步伐，改革的不断推进促使国内产业逐步向机械、电子等高附加值产业迈进，进出口商品的品类和技术水平开始有所提升。

特别是随着国家政策的支持和外资的引入，机械制造、电子产品等工业制成品开始成为中国出口的重要组成部分。例如，电子设备、家电等成为当时中国出口的亮点。此外，纺织品、服装等劳动密集型产品的出口依然占据重要位置，尤其是在全球市场对低价消费品的需求增加的背景下，中国的纺织行业得到了快速发展，出口量不断增长。

在进口方面，除了传统的机械设备和化工原料，国内对先进技术、能源、石油等资源的需求持续增加，形成了较为稳定的贸易结构。

（三）20 世纪 90 年代：高附加值产品成为主力，服务贸易逐步兴起

20 世纪 90 年代，随着中国对外开放步伐的加快，特别是 1992 年发展市场经济的相关政策发布后，中国的进出口商品结构发生了显著的转变。中国在此期间开始大力推动工业升级，出口结构开始从传统的劳动密集型产品逐步转向技术含量较高、附加值较高的产品。

在出口商品中，电子信息产品、机械设备和交通工具等高科技、高附加值商品逐渐成为"主力军"。特别是中国的电子信息产品，凭借价格优势和大规模生产能力，逐渐占据全球市场，成为全球制造业的重要组成部分。计算机、家电、通信设备等商品的出口量大幅增长，逐步替代了传统的纺织品、鞋类等劳动密集型商品，成为中国出口的支柱。

与此同时，服务贸易在这一时期也逐渐得到重视和发展。随着国内外企业的合作与全球化进程的加速，国际的信息流、资金流和技术流不断增加，金融、旅游、教育等服务业的出口规模逐渐扩大。服务贸易不仅促进了中国与世界的经

济联系，还提升了中国在全球价值链中的地位。

进口商品的结构逐步优化，技术产品、化学品以及高附加值产品的需求逐渐增加。随着国家经济的快速增长，中国在高科技设备、先进材料、能源等领域的进口需求不断增加，推动了全球贸易的多元化。

（四）21世纪前10年：科技创新推动出口结构升级，高技术产品占比显著增加

进入21世纪，随着中国加入WTO并加速融入全球经济，中国的对外贸易进入了新的发展阶段。在此期间，中国不仅保持了对外贸易的快速增长，而且出口商品的技术含量和附加值进一步提升，进出口商品的结构发生了深刻的变化。

中国的进出口商品结构逐步向高技术、高附加值产品占比增加的方向转变。以电子产品和机械设备为代表的高技术产品成为中国出口的"主力军"，尤其是在电子信息技术领域，中国的企业在全球范围内发挥着越来越重要的作用。在通信设备、家电、汽车和机械制造等领域，中国企业的国际竞争力得到了显著提升。

此外，随着全球化进程的加快，中国的高新技术产品，如集成电路、光纤设备、太阳能产品等，在国际市场中取得了突破性进展。中国不仅是全球电子消费品的主要生产基地，还逐步成为全球技术创新和高端制造的重要供应者。

在进口商品方面，中国的需求逐步向高端产品转变。为了满足日益增长的产业升级需求，中国不断扩大对高新技术产品、资本品和先进设备的进口，同时，能源、原材料的进口量也随着中国经济的持续发展而不断增加。特别是在资源短缺的背景下，中国开始增加对能源、矿产资源等基础性原材料的进口量，以保证国内经济的可持续发展。

（五）21世纪10年代：绿色环保与数字化转型，服务贸易成为新兴亮点

21世纪10年代，中国的对外贸易结构在经历了多轮改革后逐渐迈向新的发展阶段。此时，绿色环保和数字化经济成为对外贸易发展的重要推动力。随着环保、节能和绿色产品的需求上升，中国企业逐步向环保型、高效能和低污染的产品制造方向转型。这一时期，中国的出口商品逐步从传统的制造品向绿色环保技

术、绿色家电、新能源设备等领域扩展，呈现出中国制造业转型升级的趋势。

与此同时，服务贸易的比重也在不断上升。中国的服务贸易涵盖了金融、物流、保险、旅游、互联网等多个领域。尤其是随着互联网和电子商务的兴起，中国的跨境电子商务在全球市场上占据越来越大的份额。中国的数字贸易、云计算、大数据等信息技术相关服务逐步走向全球，成为中国出口的新亮点。

在进口方面，中国的需求更加多元化。除了传统的能源、矿产资源和高科技设备，国内对消费品、环保设备、先进技术等的需求也持续增长。中国逐步从全球供应链的"生产工厂"转变为全球市场的"消费中心"，其进口商品种类更加丰富，呈现出消费水平提升和产业升级的趋势。

随着改革开放的深入，中国的对外贸易商品结构逐渐发生了深刻的变化，从以初级产品和劳动密集型商品为主，逐步转向以高技术、高附加值产品为主。这一转型不仅反映了中国经济的快速发展，也显示了中国制造业的技术进步和产业升级。在全球化背景下，中国进出口商品结构的优化，不仅为全球贸易注入了新的活力，也推动了全球价值链和供应链的变革。

三、多边、双边经贸关系和区域合作全面发展

改革开放以来，中国在推动对外贸易的同时，逐步深化了与世界各国的多边、双边经贸合作。随着中国经济的快速增长和国际影响力的增强，国际经济合作格局发生了深刻变化，全球化和区域化趋势愈加明显。中国在这一进程中积极推动多边、双边经贸关系的发展，并通过加强区域合作，促进了自身经济的快速增长，为全球经济增长作出了贡献。

（一）多边贸易合作的加强与中国的角色

多边贸易合作是中国对外经济政策的重要组成部分，尤其是在加入 WTO 之后，中国的多边贸易参与度显著提高，成为全球经济和贸易体系的重要一员。加入 WTO 不仅标志着中国全面融入国际贸易体系，还为中国进一步扩大对外开放、推动国内经济改革提供了有力的支持。

中国在 WTO 框架下积极参与相关活动，在全球贸易规则的制定和发展中占

据了越来越重要的地位。中国支持多边贸易体制的健全与发展，提倡通过协商解决贸易争端，推动贸易自由化和便利化。作为全球最大的贸易国之一，中国的经济政策和贸易行为对全球经济具有重要影响。中国在全球经济治理中的地位不断上升，成为推动全球经济增长的重要力量。

在多边贸易平台上，中国还积极参与了世界银行、国际货币基金组织等国际机构的活动，并为全球经济的稳定和发展提供了资金支持与政策建议。同时，中国不断加强与其他经济体的多边合作，推动全球贸易自由化，主张在公平和互利的基础上进行国际贸易，呼吁解决发展中国家在全球经济中面临的特殊问题。

（二）双边经贸关系的深化

改革开放以来，中国除了在多边贸易框架下积极参与相关活动，还通过双边经贸合作与世界各国建立了深厚的经济联系。双边经贸关系的深化成为中国对外贸易战略的重要组成部分。中国积极与全球主要经济体建立双边贸易关系，不仅在经济上实现了互利共赢，还为中国企业"走出去"开拓了重要的国际市场。

在与发达国家的双边贸易合作中，中国通过不断优化对外贸易结构和提升产业竞争力，增强了自身在全球价值链中的地位。例如，在与美国、欧盟、日本等发达国家的贸易往来中，中国逐步扩大了机械、电子、家电等工业制成品的出口规模，同时引进了大量先进技术和设备，推动了国内产业升级和技术创新。

与此同时，中国与发展中国家的双边经贸关系也不断加强。尤其是在共建"一带一路"倡议的推动下，中国与亚洲、非洲、拉丁美洲等地区的双边贸易合作不断深化。通过双边贸易协议和经济合作，中国不仅帮助这些地区提高了基础设施建设水平，还促进了当地经济的快速增长。中国通过提供资金、技术和市场支持，推动了全球经济的平衡发展，缩小了发达国家与发展中国家之间的经济差距。

双边经贸关系的不断深化，不仅促进了中国的出口增长，也有助于国内企业拓展海外市场，提高了中国在全球市场中的竞争力。

（三）区域经济合作的全面发展

区域经济合作是改革开放以来中国对外贸易的一个重要方向，随着中国经济的不断发展，区域合作逐渐成为推动区域经济一体化和促进全球经济增长的重要推动力。中国通过与邻近国家和地区的合作，加强了区域内经济联系，推动了区域贸易的自由化与便利化，进而促进了全球经济的整合。

中国积极参与亚太经济合作组织（APEC）、上海合作组织（SCO）、中国—东盟自由贸易区（CAFTA）等多边区域经济组织，推动区域经济一体化进程。特别是在亚洲区域内，中国成为推动区域经济合作的核心力量，许多亚洲国家依托中国市场推动经济发展，形成了以中国为中心的区域经济合作网络。通过区域经济合作，中国不仅促进了与亚洲国家的贸易往来，还加强了与其他区域经济体的联系，形成了多层次的合作模式。

在共建"一带一路"倡议的框架下，中国加大了与中亚、东南亚、非洲和欧洲等地区的经济合作，通过基础设施建设、贸易便利化、资金支持等多方面的合作，推动了共建国家的经济发展。该倡议不仅促进了中国与各国的经贸联系，也为全球经济的稳定与增长注入了新的动力。

中国还积极推动区域贸易协定的签署，深化与各国的经济合作。例如，中国与东盟签署的自由贸易协定促进了区域内商品和服务的自由流通，并推动了区域经济的一体化进程。通过区域合作，中国在促进对外贸易增长的同时，也加强了与相关国家的经济联系，推动了全球贸易自由化和便利化。

（四）跨国公司与区域合作的互动

跨国公司作为全球化的重要推动力，积极参与了中国的区域经济合作。随着全球化的深入发展，跨国公司在各个国家或地区的经济活动不断增加，它们不仅是国际贸易的重要力量，也是推动区域合作的重要主体。中国通过吸引跨国公司投资，加强了与其他国家和地区的经济联系，推动了区域内产业链的合作与整合。

在中国的改革开放过程中，跨国公司通过设立生产基地、开展技术合作、共享研发成果等方式，推动了中国国内产业结构的优化升级。特别是在高科技产业、汽车制造、电子产品等领域，跨国公司不仅向中国转移了先进技术，也将中国作为全球生产和销售的重要基地，带动了中国与其他国家的经济合作。

跨国公司在中国的投资不仅促进了中国制造业的快速发展，也为中国企业"走出去"提供了经验和资源。在区域经济合作中，跨国公司起到了桥梁作用，推动了中国与其他国家在技术、资金、市场等方面的合作，促进了全球经济的融合。

（五）区域合作面临的挑战与机遇

尽管中国在多边、双边经贸关系和区域合作方面取得了显著成绩，但仍面临一些挑战。在多边贸易体系中，由于保护主义抬头和全球经济不确定性增加，国际贸易环境复杂多变，为中国的对外贸易发展带来了一定的压力。尤其是在全球经济增长放缓的背景下，中国需要不断优化贸易结构，提高国际竞争力，以应对来自国际市场的挑战。

在区域经济合作方面，虽然中国通过共建"一带一路"倡议推动了区域合作，但不同地区的经济发展水平和文化差异仍然存在，这使得区域内的经济整合进程相对复杂。特别是在一些发展中国家，政治和经济的不稳定因素可能影响区域合作的顺利进行。中国在推动区域合作的过程中，需要更加注重与各国的政治协调与经济互补，以确保区域合作的长远发展。

尽管面临这些挑战，区域经济合作仍然为中国提供了重要机遇。通过深化与周边国家和地区的合作，中国不仅能够进一步拓展国际市场，还可以通过区域合作促进国内产业的转型升级，提高在全球价值链中的竞争力。随着全球化的不断发展，区域合作将为中国带来更加广阔的发展空间。

改革开放以来，中国的对外贸易不仅在规模上取得了飞跃，在多边、双边经贸关系和区域合作方面也取得了显著进展。中国通过深化与其他国家的贸易合作，推动了区域经济一体化，并积极参与全球经济治理，推动了全球贸易自由化。随着全球化进程的加快，中国在全球经济中的角色将更加重要，区域经济合作的深化也将为全球经济发展带来更多机遇。

四、对外贸易管理法律体系日益完善

改革开放以来，中国的对外贸易管理法律体系不断得到完善，逐步形成了一个较为完整的法规体系，涵盖了进出口贸易、外商投资、国际市场准入、海关管理、知识产权保护等各个方面。这一法律体系的完善，不仅为中国对外贸易的蓬勃发展提供了坚实的法律保障，也使中国在国际经济与贸易规则的制定中发挥了越来越重要的作用。随着中国经济的全球化进程加快，对外贸易管理法律体系的完善既体现了国家法治建设的进步，也为全球经济合作注入了更多的动力。

（一）改革开放初期：法制基础的建设

在改革开放初期，面对对外贸易的迅速增长，中国并没有构建一套系统的法律框架来规范对外贸易活动。此时，对外贸易管理的主要任务是对外贸易的组织与指导，而相关的法律体系却显得相对薄弱。尽管如此，随着对外贸易的不断发展和国际交流的增加，国家逐渐意识到建立健全的法律制度对于促进对外贸易发展的重要性。

1994 年，《中华人民共和国对外贸易法》作为中国第一部专门的对外贸易法律正式出台，标志着中国对外贸易法律体系的雏形开始形成。这部法律明确了对外贸易的基本原则、程序以及管理体制，为中国的对外贸易发展提供了初步的法律保障。随着改革开放的深入，中国加快了与世界其他国家和地区的经济合作，相关法律的制定与完善成为国家对外贸易战略的重要组成部分。

（二）法律体系逐步完善：重视对外贸易领域的法规建设

20 世纪 80 年代后期，中国的对外贸易管理法律体系进入了快速发展阶段。随着国内外经济形势的变化和对外贸易发展模式的不断创新，许多新的法律法规应运而生，涵盖了进出口管理、外商投资、跨境货物运输、外汇管理、知识产权保护等多个方面。

1987 年，《中华人民共和国海关法》发布，明确了海关管理的制度框架，规范了进出口商品的监管，确保了贸易活动的顺畅运行。此外，其他相关的对外贸易法律文件如《中华人民共和国外汇管理条例》《中华人民共和国进出口商品检验法》相继出台，为中国对外贸易活动的各个环节提供了法律支撑。

20 世纪 90 年代，中国对外贸易法律体系的建设进入了与国际规则接轨的阶段。在这一时期，中国不仅加快了对外贸易的法治建设，还逐步加强了对知识产权、外商投资等领域的法律保护。随着中国对外贸易的规模不断扩大，相关法律不仅需要确保国内企业的利益，也要促进对外贸易的公平竞争和合法合规。

（三）加入 WTO 后：与国际规则对接，完善法律体系

中国加入 WTO 标志着对外贸易管理法律体系进入了一个新的阶段。为顺利加入 WTO 并履行加入协议中的承诺，中国在对外贸易管理法律体系的建设中做出了大量重要调整。

加入 WTO 后，中国承诺要逐步开放市场，降低关税，逐步取消贸易壁垒。为此，中国在对外贸易管理的法律体系上进行了大规模的改革。例如，2000 年《中华人民共和国外资企业法》对外商投资的管理做出了进一步规范，特别是在知识产权保护、反倾销、反补贴等方面做出了更为严格的规定，以确保中国的对外贸易环境符合国际通行的规则。2019 年颁布的《中华人民共和国外商投资法》进一步加强了对外国投资者的法律保护，同时规范了外资企业的经营活动，为外资企业在中国的发展提供了更加明确和透明的法律框架。

在对外贸易法律框架的更新过程中，知识产权保护逐渐成为中国对外贸易管理的重要组成部分。中国先后通过了《中华人民共和国商标法》《中华人民共和国专利法》《中华人民共和国著作权法》等知识产权保护法律，尤其是在 WTO 框架下，中国加强了对外国企业知识产权的保护。这些法律措施有助于营造公平的市场环境，并增强中国市场对外国投资者的吸引力。

同时，中国还加强了反倾销和反补贴法律的建设，出台了《中华人民共和国反倾销条例》和《中华人民共和国反补贴条例》，加强对不公平贸易行为的应对，为国内企业提供了更加有力的法律支持。这些措施不仅提升了中国在国际贸易中的法律地位，也保障了中国企业在全球市场中公平竞争。

（四）21 世纪：多元化的对外贸易管理法律体系建设

进入 21 世纪，随着中国经济的进一步开放和国际化的不断深入，对外贸易管理法律体系日益复杂和多元化。中国不仅加强了对外贸易活动的法律监管，也逐步加强了国内外经济法规与国际贸易规则的对接。在这一阶段，中国的对外贸易管理法律体系涉及的领域越来越广泛，除了继续强化贸易、投资、外汇、知识产权等领域的监管，还在环境保护、跨国企业监管、跨境电子商务等新兴领域开展了法律建设。

2002 年，《中华人民共和国进出口商品检验法》进行了第一次修正，进一步规范了中国的商品出口检验制度，确保出口商品的质量和安全符合国际标准，为中国商品赢得了更广泛的市场。与此同时，中国加强了对电子商务、跨境电子商务的法律监管，推动了相关法律体系的不断创新与完善。

随着全球化和数字化的发展，跨境电子商务成为对外贸易的重要组成部分。为适应这一新的发展趋势，中国陆续出台了《中华人民共和国电子商务法》《海关总署关于跨境电子商务零售进口商品有关监管事宜的公告》等相关法律法规，进一步推动了跨境电子商务的规范化和国际化发展。通过这些法律文件，中国不仅为企业进入国际市场提供了政策支持，还保障了消费者和商家的合法权益。

此外，随着全球价值链的深度融合，中国加强了对跨国企业、外国直接投资的法律监管，推动了外商投资领域的进一步开放。特别是在服务贸易方面，中国推出了一系列新政策，加强了对跨境服务的监管，推动了服务贸易的健康发展。

中国对外贸易管理法律体系的逐步完善，不仅提高了中国在全球经济中的话语权和竞争力，也为全球经济的健康发展提供了中国智慧和中国方案。在全球化和区域化趋势日益加深的今天，中国将继续推动对外贸易管理法律体系的深化与创新，力求为全球经济注入更多的稳定因素。

五、经营主体和贸易方式多元化

改革开放以来，中国对外贸易的经营主体和贸易方式发生了深刻变化。随着经济体制的不断改革和市场机制的逐渐成熟，政府的宏观调控能力逐步增强。特别是进入 21 世纪后，对外贸易领域的多元化趋势更加显著。从单一的国有企业和贸易方式到民营企业、外资企业的广泛参与，以及出口代理、跨境电子商务等新型贸易方式的兴起，中国的对外贸易经营主体和贸易方式呈现出前所未有的多样性。这一变化不仅促进了中国对外贸易的快速发展，也使中国对外贸易在国际竞争中展现出更强的活力和韧性。

（一）经营主体的多元化发展

改革开放初期，中国的对外贸易主要由政府主导，国有对外贸易企业占据主导地位。在这一时期，国有对外贸易公司承担着几乎所有的对外贸易任务，成为中国对外经济往来的主要执行主体。随着市场经济体制的逐步建立，民营企业和外资企业逐渐成为对外贸易的参与者，经营主体的多元化趋势开始显现。

1. 民营企业的崛起

改革开放以来，民营经济获得了迅速发展，民营企业在国内生产总值等方面占比逐渐上升。进入 21 世纪后，随着中国市场经济的进一步深化，民营企业逐步突破了对外贸易领域的壁垒，成为对外贸易的重要力量。民营企业不仅在传统商品出口方面逐步占据更高市场份额，还在高新技术产品和服务贸易领域取得了重要突破。

民营企业在参与国际竞争中具有灵活性高、反应迅速、决策效率高等优势。这使他们能够更好地适应国际市场的变化。通过与国外企业合资、合作等形式，民营企业在扩大出口、提升自主品牌的国际竞争力方面起到了积极作用。同时，民营企业也积极探索新的贸易模式，如跨境电子商务、全球采购等，进一步扩大了国际市场的覆盖面。

2. 外资企业的引入和发展

随着中国对外开放的不断深入，大量外资企业进入中国市场，特别是在改革开放初期，外资企业成为中国对外贸易的重要组成部分。外资企业带来了先进的技术、管理经验和大量资金，促进了中国生产力的发展。在中国的对外贸易中，外资企业通过合作生产、外商独资企业等多种形式参与，成为对外贸易增长的重要推动力。

外资企业不仅推动了中国制造业的现代化，还帮助中国企业提高了产品的国际竞争力。通过外资企业的引导，中国企业的技术创新能力和产品研发能力逐步提升，逐渐培育了一批具有国际影响力的品牌和企业。外资企业通过先进的经营模式和全球化的生产链条，促进了中国与全球经济的深度融合。

3. 国有企业的转型与升级

虽然民营企业和外资企业在中国对外贸易中发挥了重要作用，但国有企业依然在对外贸易领域占有一席之地。随着改革的深入，许多国有企业通过股份制改革、混合所有制经济等方式进行转型，逐渐摆脱了传统的计划经济模式，增强了市场竞争力。在改革过程中，许多国有企业逐步走向国际化，尤其是一些大型企业集团，如中国石油、中国石化、中国航天等，通过并购、合作等手段，将业务拓展到全球市场。

这些企业不仅在资源类商品和工业品的出口中占有较大份额，还在高端制造业和服务业的国际市场中表现突出。国有企业在深化改革的过程中，通过加强品牌建设、优化生产结构和提升技术创新能力，逐步提升了国际竞争力，成为推动中国对外贸易发展的重要支柱。

（二）贸易方式的多元化发展

随着全球化的推进和互联网技术的发展，中国的对外贸易交易方式也发生了深刻变化。从传统的出口贸易方式到新兴的跨境电子商务，从中介商的参与到供应链管理的优化，对外贸易的方式呈现出多元化的趋势。这些新的贸易方式不仅提高了贸易效率，还扩大了中国对外贸易的覆盖范围。

1. 跨境电子商务的兴起

近年来，跨境电子商务作为新型的贸易方式，成为中国对外贸易的重要组成部分。随着互联网技术的普及和物流体系的不断完善，跨境电子商务逐步摆脱了传统贸易方式的限制，使得小微企业也能直接进入全球市场。跨境电子商务的优势在于降低了交易成本、简化了交易流程，并且大大提高了交易的便利性和效率。

通过跨境电子商务平台，中国的中小型企业能够以更低的成本将产品出口到海外市场，同时消费者也能直接购买到高性价比的中国商品。这不仅为中国企业开辟了新的销售渠道，还提高了中国商品在全球范围内的知名度和影响力。跨境电子商务促进了对外贸易领域的数字化转型，提高了中国在全球电子商务产业中的竞争地位。

2. 服务贸易的兴起

服务贸易是近年来对外贸易的一个重要发展方向，特别是在信息技术、金融服务、文化创意等领域，中国的服务贸易取得了显著成就。随着中国经济的发展和国际化进程的加快，服务业逐渐成为中国经济的重要支柱之一。中国不仅在传统的运输、旅游等领域取得了长足发展，还在现代信息技术、教育、金融等领域崭露头角，成为全球服务贸易的重要参与者。

服务贸易的多元化表现在中国日益加强与其他国家的知识产权保护合作、信息技术交流合作以及加强文化产品的全球传播等方面。中国不仅通过贸易方式输出技术、服务和文化产品，还通过服务贸易的持续发展，推动了经济的转型升级。服务贸易的多元化为中国经济注入了新的增长动力，成为对外贸易发展的重要组成部分。

3．区域贸易协定和多边贸易的推动

区域贸易协定和多边贸易机制的发展，是中国对外贸易方式多元化的重要表现之一。加入 WTO 以来，中国积极参与多边贸易体制的建设，并与世界多个国家和地区签署了一系列自由贸易协定。这些区域性和多边性的贸易协定为中国企业提供了更加广阔的市场空间，减少了贸易壁垒和关税壁垒，提升了对外贸易的效率和竞争力。

通过这些贸易协定，中国能够更好地与亚太、欧洲、非洲等地区的国家进行贸易往来。自由贸易区和区域经济一体化的不断深化，使中国能够借助全球产业链和供应链的协同效应，促进商品、服务、技术、资本的自由流动，提高了中国在全球经济中的话语权和竞争力。

（三）新型贸易方式的推动作用

随着中国对外贸易的不断深入，贸易方式的多样化不仅提高了对外贸易的效率和灵活性，还为中国企业提供了更加丰富的市场机会。通过跨境电子商务、服务贸易、自由贸易协定等新型贸易方式，中国的对外贸易进一步拓展，促进了中国与全球经济的紧密联系。同时，这些新的贸易方式也为中国的中小型企业提供了更多的机会，使得中国对外贸易在全球竞争中展现出更多的活力和潜力。

总的来看，改革开放以来，中国的对外贸易经营主体和贸易方式的多元化，为中国经济的持续增长提供了坚实的支撑，也推动了中国在全球经济体系中地位的提升。随着全球化和数字化的进一步发展，未来，中国的对外贸易经营主体和贸易方式将更加多样化，展现出更强的竞争力和适应性。

六、对外贸易在国民经济中的地位提升、作用日益增强

改革开放以来，中国经历了对外贸易的跨越式发展，逐步从一个相对封闭的经济体成为全球贸易的重要一员。对外贸易不仅在中国经济发展过程中发挥了越来越重要的作用，而且成为推动中国经济现代化、提升国际竞争力的重要动力。随着经济结构的优化和产业升级的推进，对外贸易在国民经济中的地位和作用逐步增强，已成为中国经济增长、就业创造、资源配置优化等多个方面的关键因素。对外贸易的日益增强不仅促进了中国经济的增长，也为全球经济的稳定与繁荣做出了贡献。

（一）对外贸易在经济增长中的推动作用

改革开放初期，中国的对外贸易水平较低，外向型经济的比例也相对较小。随着对外贸易政策的逐步放宽，特别是对外开放的扩大和外资引进政策的实施，中国对外贸易逐渐进入快速增长的轨道。20 世纪 90 年代以来，对外贸易成为中国经济增长的重要引擎之一。中国对外贸易的规模不断扩大，出口商品种类不断丰富，产品附加值逐步提升，成为促进 GDP 增长的重要动力。

中国的对外贸易增长不仅推动了生产力的提高，也为国家积累了大量外汇储备，增强了经济自主性。从 20 世纪 90 年代中期开始，对外贸易对中国 GDP 的贡献率逐年攀升。尤其是加入 WTO 后，中国的对外贸易水平进入了一个新的历史阶段，对中国经济增长的贡献进一步显著增强。据统计，2000—2010 年，中国对外贸易年均增长速度超过 20%，远高于同期全球贸易增速。

对外贸易的迅猛发展，不仅促进了中国经济的增长，也在国内市场结构调整和产业结构升级中起到了积极作用。通过国际市场的竞争和合作，国内企业加快了技术改造和创新步伐，大幅提升了产业的整体水平。同时，对外贸易还促进了中国资本、技术、劳动力等生产要素的跨国流动，使中国深度融入全球经济体系。

（二）对外贸易对就业的拉动作用

对外贸易在中国就业市场中的作用逐渐显现，特别是制造业、服务业和现

代产业等领域的就业形势得到了极大改善。随着中国对外贸易的发展，大量外资企业在中国投资设厂、建立研发中心，带来了大量就业机会。据估算，中国的对外贸易企业和外资企业提供了数千万个就业岗位。尤其在制造业、批发零售、运输与物流等领域，对外贸易企业成了就业机会的主要提供者。

对外贸易企业不仅直接创造了大量就业机会，还通过产业链的延伸带动了上下游产业的发展，进一步推动了地方经济乃至区域经济的就业增长。特别是在一些经济较为落后的中西部地区，对外贸易产业链的引入有助于加速当地的工业化进程，提升劳动力就业质量，带动社会经济全面发展。

对外贸易的蓬勃发展，特别是出口导向型产业的发展，促进了中国劳动力市场结构的转型。随着对外贸易的深入，劳动力市场的多样性和灵活性得到增强。许多对外贸易企业不仅为劳动者提供了多样的岗位选择，还推动了职业技能培训和人才培养体系的完善。这种转型使中国的劳动力市场更加适应全球经济的变化，并为对外贸易产业的持续发展奠定了坚实的基础。

（三）对外贸易对资源配置和产业结构优化的推动作用

对外贸易的繁荣促使中国加速资源配置的优化和产业结构的调整。在改革开放初期，中国的资源配置主要集中在传统的农业和基础工业领域。随着对外贸易的发展，中国的资源配置逐渐向现代制造业和高科技产业倾斜。对外贸易不仅推动了传统行业的转型升级，也促进了高附加值产业的崛起，形成了全产业链条的竞争力。

对外贸易发展促进了资源的优化配置，尤其是在能源、技术、资金等方面。通过与世界经济深度融合，中国能够更加高效地利用全球资源，推动产业转型和升级。在制造业领域，对外贸易促进了中国在全球供应链中的地位提升。许多企业通过对外贸易渠道获得了先进技术、管理经验和资金支持，从而实现了自主创新和竞争力的提升。

对外贸易的快速增长也带来了外汇收入的增加。中国政府能够利用这些外汇储备在全球范围内进行战略性投资，进一步推动全球资源的配置与经济发展。例如，中国通过并购、合资等方式，借助对外贸易收入积极参与全球化进程，获取了海外优质资源，提升了国内产业在全球产业链中的竞争地位。

（四）对外贸易对区域经济一体化的推动作用

随着中国对外贸易规模的扩大，对外贸易对区域经济一体化的促进作用日益突出。在改革开放初期，中国的对外贸易主要集中在沿海地区；但随着改革的深入，内陆地区的对外贸易活动逐步开展起来。特别是在加入WTO后，中国加强了与亚洲、欧洲、非洲等地区的贸易合作，推动了区域经济的深度融合。

区域经济一体化的推进不仅有利于资源的流动，还促进了产业间的分工与合作，推动了国内区域经济的均衡发展。对外贸易的繁荣使中国的沿海地区和内陆地区之间的经济差距逐渐缩小，国内市场的联系变得更加紧密，促进了各地区经济的互动发展。

此外，中国还积极参与区域性经济合作组织的建设，推动了共建"一带一路"倡议的实施，进一步加强了与亚洲、欧洲和非洲国家的经济联系。通过一系列区域经济合作协议，中国不仅加强了与各国的双边贸易，也推动了区域经济的一体化进程。对外贸易成为中国参与全球经济治理、推动区域经济一体化的重要工具。

（五）对外贸易对国际经济地位提升的作用

随着对外贸易规模的不断壮大，中国在国际经济中的地位显著提升。特别是加入WTO后，中国在全球贸易中的地位逐渐上升，成为世界第二大经济体和第一大货物贸易国。这一变化标志着中国由一个相对封闭的经济体，转变为全球经济的重要参与者和规则制定者。

中国的对外贸易不仅为全球经济的稳定与增长做出了贡献，也提高了中国在国际经济中的话语权。中国通过对外贸易与各国展开深度经济合作，形成了更加稳定的国际经济关系，促进了全球贸易的自由化和便利化。同时，中国通过积极参与国际贸易，在全球产业链、供应链中的地位不断上升，逐渐成为全球价值链的核心环节。

（六）对外贸易在中国经济可持续发展中的作用

除了推动经济增长和就业发展，对外贸易还对中国经济的可持续发展发挥着重要作用。随着全球化的深入，国际市场不仅为中国提供了丰富的资源，也为中国企业带来了更加广阔的市场空间。中国通过扩大对外贸易，不仅能够获取先进的技术和管理经验，还能够不断优化产品结构，提高产品的国际竞争力，推动中国经济在高质量发展道路上稳步前行。

特别是在共建"一带一路"倡议的推动下，中国通过加强与相关国家的经贸合作，促进了能源、矿产资源、基础设施等领域的合作，推动了全球经济的互联互通。对外贸易的可持续发展，不仅增强了中国经济的韧性和竞争力，也为全球经济的平衡和可持续发展做出了重要贡献。

总之，改革开放以来，中国的对外贸易在国民经济中的地位逐渐提升，作用不断增强，成为推动经济增长、促进产业升级、推动区域经济一体化、提升国际经济地位以及推动可持续发展的重要力量。随着中国与全球经济的深度融合，未来，对外贸易将在中国经济发展中继续发挥举足轻重的作用。

第二章

新时代背景下的国际贸易理论

第一节 国际贸易理论

一、自由贸易理论

自由贸易理论作为国际贸易的核心理论之一，18 世纪以来便深刻影响着全球经济的运作方式。其核心主张是各国应当在没有人为干预的情况下进行商品与服务的交换，通过各国在资源、技术、劳动力等方面的比较优势，促进全球资源的最优配置。自由贸易不仅是一种经济政策导向，也是国际经济合作的重要理念。随着全球化的深入，自由贸易理论的影响力愈加显著，且在现代国际贸易中得到了广泛应用。

（一）自由贸易理论的根源与历史渊源

自由贸易理论的根源可以追溯到 18 世纪的古典经济学派，尤其是亚当·斯密和大卫·李嘉图等经济学家的贡献。他们提出的自由贸易理论，至今仍对现代国际贸易体系有着深远的影响。亚当·斯密提出了劳动分工和绝对优势理论。他认为，一个国家只要专注于自己最具竞争力的产业，就能够提高整体生产效率，进而实现国家经济利益的最大化。而李嘉图的比较优势理论进一步发展了这一思想。他认为，即使一个国家在所有生产领域都比其他国家更为高效，只要专注于自己最有优势的领域，就能与其他国家进行互利交换，从而使全球资源配置更加高效。

（二）自由贸易理论的基本原则与政策内涵

自由贸易理论的基本原则可通过几个关键点加以理解。

1．完全市场机制下的资源配置原则

自由贸易的核心理念是市场自我调节，各国之间的贸易不应受到政府的过多干预。市场价格由供求关系决定，而国家应当进行减少关税、配额、补贴等形式的政策干预，以便让商品和服务自由流动。

2．平等交换原则

自由贸易主张，各国之间应通过平等的交换进行资源的互通有无。这种交换不局限于商品，还包括资本、技术、劳动力等生产要素。在这个过程中，国家应放弃通过保护主义手段限制外部竞争的做法，而是依赖市场机制来实现贸易的自由化。

3．竞争促进效率提升原则

自由贸易理论认为，全球范围内的竞争有助于推动各国提高生产效率，进而推动技术创新和资源的有效配置。通过全球竞争，落后的企业和行业会被市场淘汰，而领先的企业则会在竞争中不断壮大，从而形成更具竞争力的产业结构。

（三）自由贸易理论的发展与实践

自由贸易理论和实践在演进过程中，经历了多个重要阶段。从19世纪的英国到20世纪的全球多边贸易体系，自由贸易理论一直促进着全球经济的互动。20世纪的国际贸易体系，特别是在"二战"后的全球经济重建过程中，自由贸易成为国际经济合作的核心理念之一。

1．英国的自由贸易政策

19世纪，英国是自由贸易理论的坚定支持者。英国实施的自由贸易政策不

仅仅体现在国内的税制改革，也表现在对外贸易的开放上。1846 年，英国废除了《谷物法》，这标志着英国走向了完全的自由贸易政策。通过取消贸易壁垒，英国成了全球贸易的主导力量，也通过殖民帝国建立了庞大的贸易网络。然而，这种自由贸易政策并非没有争议，曾遭遇到其他欧洲国家的激烈反对，尤其是德国和法国，它们更多地采纳以保护主义为核心的贸易政策。

2. 全球多边贸易体系的建立

在第二次世界大战后，世界经济体系发生了巨大变化。为了恢复战后的国际经济秩序，1947 年，多个国家签订了 GATT，为全球自由贸易提供了法律框架。GATT 的核心理念是减少各国之间的贸易壁垒，推动关税降低，使国际贸易更加自由化、规范化。

经过几轮谈判，GATT 逐步发展成为全球贸易的基石，尤其是 1995 年 WTO 成立后，自由贸易进入了一个新的阶段。WTO 不仅继承了 GATT 的多边贸易体制，还涵盖了更多的议题，如知识产权保护、贸易争端解决机制等，推动了全球贸易的自由化与法治化。

（四）自由贸易与国际竞争力的提升

自由贸易理论强调，通过消除贸易壁垒，国家能够更充分发挥其比较优势，从而提升国际竞争力。在参与全球市场竞争的情况下，国家可以通过资源的合理配置和生产要素的优化配置，提高产业竞争力。

1. 资源优化与全球价值链的形成

在自由贸易条件下，国家间的商品交换并非单纯的买卖行为，而是资源的重新配置。不同国家根据其资源禀赋、技术水平和产业结构优势，承担全球价值链中的不同环节。从初级资源的提取到加工制造，再到技术研发和创新，全球价值链的形成使国际贸易不再是商品的简单交换，而是价值的复杂流动。

以苹果公司的全球生产链为例，从设计研发到零部件采购，再到最终的组装和销售，每个环节都在全球不同地区进行。这种价值链分工大大提高了生产效率，也让不同国家在全球市场中实现各自的比较优势。

2．提升国家产业的全球竞争力

参与自由贸易能够帮助国家提升产业竞争力，尤其是对中小型经济体而言，自由贸易提供了通过全球市场实现经济现代化的机会。在全球市场的竞争压力下，国家会通过提升自身产业的技术创新能力、生产效率及管理水平，推动国内企业走向国际化，提高全球竞争力。

（五）自由贸易的挑战与争议

尽管自由贸易在理论上能够推动全球经济的发展，但是在具体的国际贸易实践中，依然面临许多挑战和争议。自由贸易的实施往往不是单一的国家行为，而是涉及全球和区域政治、经济、社会等多重因素。

1．不平等的利益分配

自由贸易常常被批评为加剧了贫富差距和不平等。虽然自由贸易有助于全球经济的增长，但一些国家和地区可能因为自身产业结构的落后而未能从中受益。例如，发展中国家往往难以在全球竞争中占据主导地位，导致其面临更高的贫困率和不平等的收入分配。而在发达国家，尤其是低端劳动密集型产业可能面临外包和失业问题。许多反对自由贸易的观点正是源于这些经济、社会的不平等。

2．全球化与环境保护的冲突

自由贸易的推行促进了全球经济的增长，但也带来了环境污染和资源过度消耗的问题。随着全球供应链的深入发展，越来越多的制造业转移到发展中国家，因为这些地区的环境保护标准往往较为宽松。资源的过度开采、环境的破坏以及气候变化等问题，成为自由贸易所带来的负面效应之一。

3．保护主义的回潮

在全球化背景下，许多国家逐渐意识到自由贸易可能带来的负面影响，因此在某些情况下选择实施保护主义政策。近年来，全球贸易局势发生了变化，部分国家采取提高关税、设立贸易壁垒等措施，以保护本国产业减轻全球竞争的压力。美国、英国等国家相继出台贸易保护主义政策，反映了全球自由贸易面临的严峻考验。

自由贸易不仅仅是一项经济政策，还有着促进全球经济一体化、增进国家间相互理解与合作的战略目标。在新的全球经济格局下，自由贸易依然是推动国际经济繁荣的核心力量，但平衡全球化带来的机遇与挑战，将决定自由贸易理论与实践的发展方向。

二、保护贸易理论

保护贸易理论是与自由贸易理论相对立的重要理论之一。它主张通过政府干预和保护主义政策，限制或规制国际贸易，以保护本国的经济利益和产业发展。与自由贸易市场的自我调节机制不同，保护贸易强调国家对外部经济竞争的管控，认为某些国家和行业在面对全球竞争时需要保护，以确保国家经济的稳定和可持续发展。尽管保护主义政策在全球化进程中面临着越来越多的质疑，但在某些特定的经济环境和社会背景下，保护贸易依然是一种被广泛讨论和应用的策略。

（一）保护贸易理论的理论根源与历史背景

保护贸易理论的根源可以追溯到16世纪和17世纪的重商主义时期。重商主义学者认为，国家的经济力量取决于其积累的黄金和白银，而为了实现这一目标，各国应该通过增加出口并减少进口来保持贸易顺差。因此，重商主义支持高关税和贸易壁垒，以便让本国产品在国际市场中占据主导地位。重商主义强调国家干预，认为政府应该通过政策干预来控制国际贸易的流动，以提高国内经济的竞争力。

随着时间的推移，保护贸易理论逐步演化，并且在19世纪的第二次工业革命和全球化进程中进一步获得支持。尤其是当许多国家经历了工业化和现代化进程后，保护主义成为许多政府保护本国产业和促进经济发展的手段。

（二）保护贸易理论的核心观点

保护贸易理论的核心观点是，国家应当通过政策干预（如关税、配额、补贴等手段）来保护本国的经济利益，尤其是国内产业、就业和市场。其主要论点包括以下几个方面。

1. 保护新兴产业

保护贸易理论的一个重要观点是通过保护新兴产业来促进经济的长期发展。

对于一个经济体而言，新兴产业通常面临着较大的外部竞争压力，尤其是在全球化背景下，发达国家的先进技术和资本优势可能使新兴产业处于劣势。保护主义政策可以帮助这些产业获得时间和空间，从而进行技术创新和产业升级。通过实施关税、补贴等手段，政府可以有效地为新兴产业提供保护，避免其在初期阶段因竞争压力过大而被淘汰。例如，一些发展中国家通过提高进口关税、限制外国产品的进入，以保护本国的农业、制造业等基础产业，促进产业的成长与自主创新。

2．保护本国就业

保护贸易理论强调，国际贸易可能导致本国某些行业和劳动力市场的萎缩。当外国产品价格过低，或者劳动力成本较低的国家生产的商品涌入市场时，本国的劳动密集型产业往往会受到较大冲击。这可能导致失业率上升，特别是在制造业和基础产业领域。通过实施贸易壁垒，保护本国的就业市场，能够在一定程度上减少失业，提高国内劳动者的就业率和生活水平。尤其是在经济不发达地区或产业基础较薄弱的国家，保护贸易有助于保障本国工人的利益和社会稳定。

3．确保国家安全

实施保护主义政策的一个重要依据是确保国家安全。在全球化背景下，许多关键领域的生产和技术容易被外部国家所控制。尤其是能源、通信、军工等关系国家安全的产业，若完全依赖外部供应，可能使国家在战略层面处于不利地位。因此，保护贸易理论认为，国家应当通过限制外部进口，保护这些关键产业，确保国家面对外部风险和冲突时具有独立性和自主性。

4．避免资源的过度外流

保护贸易理论还主张防止资源的过度外流。在许多发展中国家，自然资源和劳动资源是国家经济的基础。国际市场上的资源流动可能导致资源的过度外流，造成资源枯竭或者国内资源市场萎缩。通过实施保护性政策，政府可以确保资源的合理配置，防止外资过度介入导致资源的过度开发，从而保证国家的资源安全和可持续发展。

5．解决贸易失衡问题

保护贸易理论还被用作调整国际贸易不平衡的工具。许多国家长期面临贸易逆差问题，进口大于出口会导致本国货币贬值和经济的不稳定。通过采取关税、配额和进口限制等手段，国家可以减少进口，改善贸易平衡，并促进本国产业和市场的繁荣。特别是对于一些资源较为丰富或制造能力较强的国家，保护贸易政策有助于提高本国产品的国际竞争力，并减少外部市场对本国经济的过度依赖。

（三）保护贸易的政策工具

保护贸易的核心在于实施一系列政策工具，以实现对本国经济和产业的保护。常见的保护贸易政策工具包括关税、配额、补贴、行政壁垒、外汇管制与资本管制等。

1. 关税

关税是最常见的保护主义工具之一。通过对进口商品征收关税，政府可以直接提高其价格，进而降低其市场竞争力。关税作为贸易壁垒，能够在一定程度上保护本国企业免受外国产品的冲击，提高国内市场的竞争力。关税通常是根据商品的类别、数量、价格等因素制定的，且各国的关税水平存在差异。高关税通常可以有效地减少进口，但也可能导致商品的价格上升，从而降低市场的总体福利。

2. 配额

配额是对进口商品的数量进行限制的政策。通过限制每个国家或地区可进口的商品数量，政府可以在一定程度上控制外国产品的市场份额，提高本国产品的市场占有率。配额政策在某些情况下比关税更加直接和有效，尤其是在对某些战略性商品的进口控制上，配额可以确保本国市场的稳定性。

3. 补贴

政府对本国企业的补贴是一种常见的保护主义手段。通过补贴政策，政府能够降低本国企业的生产成本，提高其在国际市场中的竞争力。特别是在某些初创产业或者高技术产业，政府的补贴政策能够有效地促进其快速发展。然而，补贴政策也常常引发国际贸易争端，因为它可能导致贸易不公平，特别是对发展中国家的市场造成压迫。

4．行政壁垒

行政壁垒是指通过非关税手段来限制外国产品的进入，如通过严格的质量标准、技术规范、检验检疫等手段，提高外国产品进入本国市场的门槛。行政壁垒虽然不直接体现在价格上，但通过复杂的行政审批程序，往往能够阻止外国产品的流入，起到保护本国产业的作用。

5．外汇管制与资本管制

外汇管制与资本管制是一种保护贸易的间接手段。在一些国家，尤其是面临严重国际支付危机的国家，政府通过限制外汇的自由流动和跨境资本的流动，来控制国际贸易中的资金流动。这类政策有助于维护本国货币的稳定，防止外资过度流入或流出，确保国内经济的稳健运行。

（四）保护贸易的优缺点与现实挑战

保护贸易的实施在某些情况下可以带来短期的经济收益，但其长期效果往往存在争议。支持者认为，保护贸易政策能够帮助本国企业发展、确保就业、维护国家安全等，尤其是在全球化对国内经济带来不利影响时，保护贸易显得尤为重要。然而，反对者认为，保护贸易往往会导致效率损失、市场扭曲、价格上涨等问题，最终损害消费者的利益。

1．经济效率损失

保护贸易虽然可以为某些行业提供短期保护，但从长期来看，可能导致资源配置的低效。由于市场竞争受限，企业的创新动力和效率通常会下降。高关税和配额等政策也可能使国内产品的价格上升，消费者的购买力降低，从而影响整体经济的健康发展。

2．贸易摩擦和国际关系紧张

实施保护主义政策往往会导致国际贸易摩擦。其他国家可能会认为这些政策不公平，从而采取报复性措施，导致贸易战的爆发。近年来，美国与中国、欧盟等之间的贸易争端便是保护贸易政策引发的典型案例。贸易摩擦不仅加剧了国际贸易的不确定性，也可能破坏国际合作关系。

3. 全球价值链的断裂

在全球化背景下，国际贸易不仅仅是商品的简单交换，还涉及全球价值链的分工与协作。保护贸易政策可能导致全球价值链断裂，中断跨国企业和不同国家之间的合作。全球供应链的形成依赖于各国在技术、资源和劳动力方面的互补性，而保护贸易政策可能打破这种互补性，使得生产环节的全球化分工面临挑战。例如，针对某些国家实施的进口配额、限制措施或者关税壁垒，可能迫使跨国公司重新调整供应链，从而导致生产成本上升、生产效率降低，甚至影响全球经济的稳定。

此外，保护主义政策的推行还可能导致生产和贸易的局部化，即将全球化的生产模式取代为更多的本地化或区域化生产。这不仅会降低生产效率，还会加剧资源的浪费，最终对全球经济和各国的福利造成损害。随着全球化的加深，各国在生产过程中越来越依赖全球市场的原材料、技术和产品。因而，保护贸易政策带来的供应链中断不仅影响到某一国家的经济，也可能对全球市场产生负面影响。

保护贸易理论提出的政策工具和方法，虽然在某些经济背景下具有一定的积极效果，但随着全球化、数字化的推进以及全球经济环境的不断变化，过度依赖保护贸易政策的做法逐渐暴露出局限性。全球化和自由贸易的浪潮为各国带来了许多机遇，同时也带来了竞争和挑战。在这种背景下，如何平衡保护贸易与自由贸易之间的关系，如何在确保国家利益的同时，推动全球经济的合作与繁荣，成为未来国际贸易理论和政策制定者需要深入思考的问题。

第二节　国际直接投资理论

一、技术差距理论

技术差距理论揭示了技术差异对国际资本流动的影响。该理论认为，国家间技术水平的差异是跨国企业进行直接投资的关键驱动力之一。当某个国家在技术创新、生产工艺、产品研发等方面具有显著优势时，企业往往会将其技术与资本输出至技术相对落后的国家，以获取更高的投资回报。技术差距理论不仅为理解国际直接投资提供了理论依据，也在一定程度上揭示了全球技术扩散和产业发展的内在逻辑。

（一）技术差距理论的理论基础

技术差距理论的提出建立在两个核心假设之上：一是技术创新具有显著的空间不均衡性，即某些国家在技术创新方面显著领先于其他国家；二是技术创新的成果可以通过直接投资的形式，在全球范围内进行扩散和应用。这一理论最早由经济学家波斯纳（M.V. Posner）在 20 世纪 60 年代提出。他强调，技术创新是国际投资和贸易的重要推动力，而技术创新在时间和地域上的差异，决定了国家间经济活动的分工和合作方式。

在技术差距理论的框架中，技术领先国家的企业由于拥有独特的技术优势，能够在国际市场中占据竞争主动权。通过直接投资，这些企业可以将先进的技术带入目标市场，从而降低生产成本、提高生产效率，同时满足当地市场的消费需求。这种技术输出不仅有助于推动目标国的经济发展，也为技术领先国创造了新的增长点。

（二）国际直接投资的动因

技术差距理论将国际直接投资的动因归纳为技术扩散的需求与供给。

1. 技术领先企业的扩展需求

技术领先的企业通常具有较强的市场扩展需求。当某个企业在国内市场中占据主导地位时，为了扩大盈利空间和巩固竞争优势，企业往往选择进入技术较为落后的国家或地区。这种投资行为一方面能够提高企业的市场份额；另一方面能够通过在目标市场的技术应用和推广，进一步提高企业的技术优势。

技术领先企业的投资动机是锁定市场。通过直接投资，企业可以将技术领先地位转化为市场垄断地位，从而阻止潜在竞争者的进入。此外，在全球化背景下，许多企业希望通过建立跨国生产基地，实现资源的优化配置，降低生产成本，提升国际竞争力。

2．技术落后国家的吸引需求

技术落后国家由于技术储备不足、创新能力较弱，通常难以自主研发高水平的技术和工艺。这些国家通过引进外资和技术，以快速提升本国的技术水平，弥补国内技术短板。对于技术落后国家而言，吸引外资不仅是经济增长的重要途径，也是推动产业升级、促进技术转移的关键手段。

通过引进技术领先国家的直接投资，技术落后国家可以获得先进的生产技术和管理经验，同时创造更多的就业机会，提升本国劳动者的技能水平。对于许多发展中国家而言，吸引技术密集型跨国投资是一种快速实现工业化和现代化的有效途径。

（三）技术差距的主要表现形式

技术差距在国际投资中的主要表现形式有以下三点。

1．产品技术差距

产品技术差距是技术领先企业进行国际直接投资的一个重要原因。技术领先国家往往能够开发出具有高附加值和高技术含量的新产品，而这些产品在目标市场具有较强的吸引力。例如，发达国家的电子产品、机械设备、生物医药等技术密集型商品在发展中国家市场中占据主导地位。跨国企业通过直接投资，将这些新产品的生产和销售扩展到技术水平较低的国家，从而实现技术扩散和市场拓展。

2．生产工艺差距

生产工艺差距是国际直接投资的重要驱动力。技术领先企业若掌握高效、先进的生产工艺，可以通过直接投资的形式，将这些技术和工艺带入目标市场，从而显著提高当地的生产效率。例如，在汽车制造、化工生产和能源开采等领域，跨国企业通过直接投资，将先进的生产工艺与设备引入目标国家，从而提高当地产业的技术水平和竞争力。

3．管理技术差距

管理技术差距是跨国企业进行国际直接投资的另一个重要原因。管理技包括企业的组织结构、运营模式、质量控制和供应链管理等方面的经验和技术。技术领先企业通过直接投资，将先进的管理理念和模式引入目标市场，从而提高当地企业的管理水平和生产效率。例如，日本和欧美国家的企业在投资亚洲新兴经济体时，通常会通过引进先进的管理技术，推动当地企业的现代化转型。

（四）技术差距理论的经济与社会影响

技术差距理论在实践中的应用对全球经济和社会发展产生了深远影响。

1. 促进技术扩散与产业升级

技术差距理论强调，通过直接投资可以实现技术的跨国扩散。这种技术扩散不仅有助于推动目标国家的产业升级，也能够优化全球产业链的分工。例如，许多跨国公司通过在发展中国家建立生产基地，将先进的技术和工艺引入当地，从而推动当地产业的技术进步。

在实践中，一些发展中国家通过吸引外资和技术转移，实现了从农业经济向工业经济的转型。例如，中国、印度、越南等国家通过引进外资和技术，大力发展制造业和高新技术产业，显著提升了本国的经济实力和国际竞争力。

2. 加剧技术依赖与经济不平等

尽管技术差距理论在推动全球技术扩散方面具有重要作用，但也存在一些负面影响。技术领先企业的投资行为可能导致目标国家对外资技术产生依赖，限制本国技术自主创新能力的提升。例如，一些发展中国家过于依赖外资企业的技术和资本，忽视了本国技术研发体系的建设，从而在全球技术竞争中长期处于劣势。

此外，技术差距的存在还可能加剧全球经济的不平等。一些技术领先国家通过直接投资获取了目标国家的市场份额和资源，同时将低技术含量产业和高污染产业转移到发展中国家，从而造成环境问题和社会不公。

3. 推动国际经济合作与竞争

技术差距的存在推动了国家间的经济合作与竞争。在技术领先国家与技术落后国家之间，通过直接投资实现技术的跨国流动，有助于加强双方的经济联系。然而，这种合作也伴随着激烈的国际竞争。一些技术领先国家通过技术垄断和专利保护，限制技术的自由流动，从而在全球市场中保持竞争优势。

总而言之，技术差距理论在国际直接投资中的核心地位，不仅为理解跨国资本流动的动因提供了重要视角，也为制定全球经济政策提供了理论基础。未来，如何在推动技术扩散的同时实现全球经济的公平与可持续发展，将成为技术差距理论进一步发展的关键议题。

二、产品生命周期理论

产品生命周期理论是由经济学家雷蒙德·弗农（Raymond Vernon）于 20 世纪 60 年代首次提出的。该理论通过分析产品从研发到退出市场的生命周期过程，阐明了跨国企业为何选择将生产活动从发达国家转移到发展中国家。该理论对解释技术扩散、国际贸易结构变迁以及全球生产布局的演变具有重要意义。

（一）产品生命周期理论的基本概念

产品生命周期理论认为，任何产品都会经历一个完整的生命周期，包括引入、成长、成熟和衰退四个阶段。在不同阶段，产品的生产方式、市场需求和竞争格局都会发生显著变化，从而影响跨国企业的生产和投资决策。

1. 引入阶段

在引入阶段，产品的生产主要集中在技术领先的发达国家。由于该阶段需要大量研发投入和市场教育成本，企业往往选择靠近创新资源和高端市场的地区进行生产和销售。例如，发达国家通常拥有充足的资本、先进的技术以及高消费能力的市场，这些条件为新产品的研发和推广提供了理想的环境。此阶段的产品生产通常以小规模和高成本为特征，企业重点测试市场反应并逐步扩大市场份额。

2. 成长阶段

随着产品在市场上的接受度逐步提高，企业进入成长阶段。在这一阶段，市场需求快速增长，企业扩大生产规模以满足市场需求，同时努力降低生产成本。跨国企业在这一阶段通常会寻找生产成本较低的国家或地区，通过直接投资建立生产基地，以实现规模经济效益。例如，电子产品的生产往往从欧美等发达国家转移到亚洲的发展中国家，如中国、越南和印度，这些地区的劳动力成本相对较低，具有较高的吸引力。

3. 成熟阶段

在产品生命周期的成熟阶段，市场需求趋于饱和，产品的生产技术已经完全成熟，生产标准化程度较高，企业面临的市场竞争加剧。在这一阶段，跨国企业为了进一步降低成本，通常会大规模转移到劳动力成本更低的国家开展生产活动，同时保持核心技术和研发活动在本国或其他技术领先国家进行。此阶段的全球生产布局更加广泛，跨国企业通过全球化的生产网络保持竞争力。

4. 衰退阶段

随着市场需求的下降和新产品的出现，产品逐渐进入衰退阶段。在这一阶段，企业的投资和生产活动逐步减少，生产活动主要集中在成本较低的地区以延长产品的生命周期。一些企业可能完全退出市场，而另一些企业则会继续在特定的利基市场中保持生产。

（二）产品生命周期与国际直接投资的关系

产品生命周期理论强调，跨国企业在不同阶段的投资和生产活动与产品的生命周期紧密相关。企业选择在何时何地进行生产和投资，受到市场需求、技术变迁、生产成本和竞争压力的多重影响。

1. 技术优势的起点

在产品生命周期的引入阶段，技术领先国家的跨国企业通过直接投资，将新技术和新产品推向市场。此阶段的国际直接投资以技术输出为主，企业的目标是占领高端市场并占据市场主导地位。例如，美国的高科技企业通过直接投资，将先进的芯片、软件和医疗设备技术出口到全球市场，从而巩固其技术领导地位。

2. 成本驱动的生产转移

随着产品进入成长和成熟阶段，跨国企业的生产策略逐渐从技术驱动转向成本驱动。在这一过程中，发展中国家由于劳动力成本低、政策环境优惠，成为跨国企业进行直接投资的重要目标。例如，纺织服装行业的跨国公司通过在东南亚国家设立生产基地，利用当地低廉的劳动力成本，大幅降低了生产费用。

3．全球化供应链的形成

产品生命周期理论还揭示了国际直接投资对全球供应链形成的影响。在成熟阶段，跨国企业通常会在不同国家建立生产基地和销售网络，以实现资源的最优配置。例如，汽车制造企业通过在多个国家进行直接投资，建立了从零部件生产到整车装配的全球化供应链体系。这种供应链布局不仅提高了生产效率，也增强了企业应对市场变化的灵活性。

4．延长产品生命周期的策略

在衰退阶段，跨国企业往往通过投资发展中国家的方式，延长产品生命周期。这一策略的核心是利用低成本生产来维持利润，同时开拓新兴市场领域。例如，一些电子产品制造商将已经在发达国家退出市场的老款产品，转移到非洲、南亚等发展中地区进行生产和销售，从而实现剩余价值的最大化。

（三）产品生命周期理论的局限性与挑战

产品生命周期理论尽管为理解跨国企业的国际直接投资决策提供了重要框架，但在实践中也有一定的局限性并面临挑战。

1．技术变迁的加速

随着技术变迁的加速，许多产品的生命周期大幅缩短。一些高科技产品甚至在引入阶段还未完全成熟时就被更先进的技术所取代。这种技术替代现象使企业难以按照产品生命周期理论的预测，进行有序的国际直接投资布局。

2．全球市场的不确定性

在全球化背景下，市场需求的波动性和政策环境的不确定性对跨国企业的投资决策产生了重要影响。例如，地缘政治风险、贸易争端和疫情等外部因素可能导致全球供应链的中断，从而影响跨国企业的生产布局和投资策略。

3．区域化竞争的加剧

随着区域经济一体化的深入，跨国企业的投资行为受到区域性政策和竞争的影响。例如，欧盟、东盟和《区域全面经济伙伴关系协定》（RCEP）等区域性经济合作框架的建立，使企业在制定投资策略时不得不考虑更多的区域因素，而不是仅仅考虑产品生命周期的阶段性要求。

产品生命周期理论为跨国企业的投资行为提供了重要的理论依据，同时也为理解全球化背景下的产业转移和技术扩散提供了新视角。未来，在动态变化的全球经济中灵活运用这一理论，将成为企业保持长期竞争力的关键。

三、垄断优势理论

垄断优势理论是国际直接投资理论的核心内容之一，由斯蒂芬·海默（Stephen Hymer）在 20 世纪 60 年代首次提出。该理论从企业行为的视角解释了跨国企业为何能够成功进入外国市场并取得竞争优势。海默认为，跨国企业之所以能够克服进入国外市场的困难，主要依赖于其独特的垄断优势。这些优势不仅帮助企业弥补了在文化、市场、法律等方面的本地化劣势，还能够帮助其在目标市场中获得长期的竞争力。垄断优势是跨国企业的核心竞争力，来源于企业的专有技术、市场资源、管理能力等方面。垄断优势往往具有不可模仿性和不可替代性，使企业在竞争中占据主动地位。垄断优势理论为理解国际直接投资的驱动力提供了一个重要框架，尤其是在经济全球化背景下，技术、资本、市场的跨境流动加速了企业垄断优势的形成和扩散。

（一）垄断优势的主要来源

垄断优势来源于跨国企业独有的资源和能力，主要包括技术优势、市场优势和管理优势。这些优势使跨国企业能够有效应对国际市场的复杂性，并在目标市场中占据稳固的地位。

1. 技术优势

技术优势是垄断优势的核心体现，指企业在技术研发、专利、生产工艺等方面占据领先地位。这种技术领先性不仅可以帮助企业降低生产成本、提高产品质量，还可以通过技术差异化创造新的市场需求。例如，美国的苹果公司凭借其在消费电子领域的创新能力，通过设计领先的硬件产品和构建独特的软件生态系统，在全球范围内获得了巨大的市场份额。技术优势的关键在于其专有性和不可复制性。跨国企业通常通过专利保护、技术垄断等手段维持这一优势。此外，技术优势并非仅存在于硬件领域。近年来，人工智能、大数据、区块链等前沿领域的技术创新，也为跨国企业提供了新的竞争动力。通过国际直接投资，企业能够将这些技术优势转化为生产力，在目标市场中占据主导地位，同时推动当地产业的升级与发展。

2. 市场优势

市场优势体现为企业对市场资源的控制能力，包括品牌影响力、分销渠道网络以及全球化的规模经济。品牌是一种无形资产，具有极高的市场价值和消费者黏性。例如，可口可乐作为一个全球知名品牌，凭借强大的品牌影响力和广泛的分销渠道网络，能够迅速进入任何新市场并获得消费者的认可。市场优势还包括企业在全球范围内的规模经济效益。通过扩大生产规模和优化供应链，跨国企业可以显著降低生产和运营成本。成本优势提高了企业的价格竞争力，使其能够在目标市场中快速占领市场。更重要的是，市场优势能够通过全球化扩展得到进一步强化。企业通过直接投资在不同地区建立生产基地和分销网络，可形成一个覆盖全球的市场控制体系。这种体系不仅提高了企业的运营效率，还增强了其在全球市场中的抗风险能力。

3. 管理优势

管理优势是垄断优势的重要组成部分，体现了跨国企业在组织管理、运营模式、供应链管理等方面的能力。管理优势通常来源于长期的实践积累和组织文化的塑造，具有较强的不可模仿性。例如，日本的丰田汽车公司以其精益生产的管理模式闻名，这种管理模式强调消除浪费、提高效率、降低成本，在全球汽车制造业中树立了标杆。跨国企业通过国际直接投资，将其管理优势带入目标市场，不仅提高了自身的运营效率，还对当地企业的管理模式产生了积极的影响。管理优势还体现为跨文化管理能力。跨国企业需要应对不同国家和地区的文化差异，成功的企业往往能够通过灵活的管理策略实现文化的整合和资源的高效配置。例如，国际连锁餐饮品牌麦当劳通过适应不同国家的饮食文化需求，在全球范围内成功建立了标准化与本地化相结合的管理模式。

（二）垄断优势与国际直接投资的关系

垄断优势理论将跨国企业的国际直接投资行为视为其垄断优势的外在表现。跨国企业通过直接投资，将自身独特的资源和能力输出到目标市场，从而实现竞争优势的全球化。

1．技术优势驱动的国际投资

技术优势是跨国企业进行国际直接投资的主要动因之一。在全球化背景下，技术的跨国流动成为提升生产效率和推动经济发展的重要途径。跨国企业通过直接投资，可以将先进技术引入目标市场，提升当地产业的技术水平。例如，美国的芯片制造企业英特尔通过在亚洲国家建立生产基地，将领先的半导体制造技术推广到了全球。这种技术输出不仅帮助企业实现了更高的市场渗透率，还促进了目标市场的技术进步和产业升级。此外，技术优势的扩散还可以带动相关产业链的发展，例如通过技术共享和合作创新，形成产业集群效应。

2．市场优势的全球化扩展

跨国企业通过国际直接投资，可以将其市场优势扩展到目标国家。例如，全球零售巨头沃尔玛通过在不同国家设立分支机构，将其高效的供应链管理系统和低成本运营模式推广到全球市场。这种市场优势的全球化扩展，使企业能够快速适应不同地区的市场需求，同时通过整合全球资源实现成本最小化。市场优势的扩展还可以强化企业的品牌效应，提升消费者对品牌的信任度和忠诚度，从而进一步提高企业的市场占有率。

3．管理优势的复制与扩散

跨国企业通过直接投资，可以将先进的管理经验和运营模式复制到目标市场。例如，波音公司通过在不同国家设立生产和研发基地，将项目管理和供应链整合经验传入当地市场。这种管理优势的复制不仅有助于提升目标国家的生产效率，还对当地企业的管理理念和管理实践产生了积极的示范效应。此外，管理优势的扩散还可以通过人才培训和知识共享，促进目标市场的人力资本积累和经济现代化。

（三）垄断优势理论的局限性与挑战

垄断优势理论尽管为解释国际直接投资行为提供了重要的理论框架，但在实践中存在一些局限性并面临挑战。例如，随着技术更新和市场竞争的加剧，企业的垄断优势可能迅速被削弱。此外，目标国家的政策限制和文化差异也可能对垄断优势的发挥产生不利影响。跨国企业需要在动态的全球环境中不断进行创新和优化，以维持竞争优势。

在数字经济和可持续发展的背景下，垄断优势理论还需要进一步拓展。例如，企业可以通过投资数字基础设施、绿色技术等新领域，巩固垄断优势。同时，跨国企业应在全球范围内推动公平竞争与合作，确保垄断优势的发挥与目标国家的经济社会发展需求相一致。通过这样的方式，垄断优势理论将继续为国际直接投资的实践提供指导，并推动全球经济的繁荣发展。

四、内部化理论

内部化理论是国际直接投资理论的重要组成部分，由经济学家彼得·J·巴克利（Peter J. Buckley）和马克·卡桑（Mark Casson）在 20 世纪 70 年代提出。该理论基于交易成本经济学的框架，探讨了跨国企业为何选择直接投资而非通过市场交易的方式进行跨境经营。其核心观点是，跨国企业通过内部化手段将跨国经营活动纳入企业内部，以减少外部交易成本、规避市场不确定性并保护专有资源，从而提升全球经营的效率和收益。

（一）内部化理论的核心概念

内部化理论的基本逻辑是，市场在某些情况下无法有效配置资源，因而企业通过内部组织来替代市场交易。市场失灵通常源于交易成本过高、信息不对称、知识产权难以保护以及外部市场的不确定性。跨国企业通过直接投资将生产、分销、研发等活动内部化，能够避免市场失灵，降低交易成本并实现资源的优化配置。

1. 交易成本的影响

交易成本是指在市场交易中，为达成交易和确保合同履行所产生的成本。

其包括搜寻信息的成本、谈判和签约的成本以及监督和执行的成本。在国际市场中，这些成本往往因语言、文化、法律等差异而不同。例如，一个企业尝试通过出口或许可方式进入目标市场，可能面临知识产权泄露、合同执行困难等问题。通过直接投资建立子公司，企业可以内部化生产和销售活动，从而规避外部市场交易风险。

2. 市场不确定性

国际市场的不确定性是促使跨国企业选择内部化的重要原因。市场的不确定性来源于宏观经济波动、政策变化、竞争环境的不可预测性等。当外部市场的不确定性较高时，企业通过内部化将关键业务环节纳入内部，可以提高决策效率并增强抗风险能力。例如，在新兴市场，法律体系的不健全可能增加企业通过市场交易获取资源的风险，而通过直接投资建立子公司可以有效降低这种风险。

3. 专有资源保护

跨国企业通常掌握着核心技术、品牌价值、专利等独特资源。这些资源在市场交易中可能因信息外泄或被仿制而遭受损失。内部化理论认为，通过内部化将这些专有资源控制在企业内部，能够有效保护企业的知识产权和竞争优势。例如，制药企业通常选择在目标市场设立研发中心或生产基地，而不是简单地将技术授权给外部合作伙伴。

（二）内部化理论与国际直接投资的关系

内部化理论提供了对跨国企业直接投资行为的重要解释。企业在国际经营中面临的市场失灵问题促使其选择直接投资，而非通过出口或许可等市场手段进行跨国经营。

1. 内部化与垂直整合

垂直整合是内部化理论的直接体现之一，指企业将上下游供应链活动整合到内部。例如，一家跨国汽车制造商可能通过直接投资控制其关键零部件供应商，以确保供应链的稳定性和产品质量。这种垂直整合能够降低供应链中各环节的交易成本，同时增强企业对生产和交付的控制力。

2．内部化与横向扩展

横向扩展指企业将同类业务的跨国经营活动纳入内部，通过直接投资进入目标市场并建立生产或销售基地。例如，全球快餐连锁品牌麦当劳通过在不同国家建立直营店或控股子公司，将品牌管理、供应链和服务标准化操作纳入内部。这种横向扩展不仅能够降低外部交易的复杂性，还能够确保企业品牌价值的统一性。

3．内部化与研发活动的全球化

内部化理论还能够解释跨国企业为何选择直接投资进行研发活动的全球化布局。通过在技术领先的国家设立研发中心，企业可以将研发成果完全控制在内部，避免技术外泄或被竞争对手模仿。例如，微软在全球多个国家设立了研发中心，通过内部化管理确保核心技术的安全性和高效转移。

（三）内部化理论的局限性与挑战

内部化理论尽管为理解跨国企业的直接投资行为提供了重要框架，但在实践中仍存在一些局限性并面临挑战。

1．初始投资成本高昂

内部化通常需要企业在目标市场进行大规模的资本投入，如建立工厂、研发中心或分销网络。这些初始投资成本可能对企业的财务状况构成压力，尤其是对于资源有限的中小型企业而言，内部化可能并非最佳选择。此外，高额的固定资产投入也会增加企业的退出成本，在目标市场经营不善时难以快速撤资。

2．文化与管理的复杂性

跨国企业通过内部化进入目标市场时，可能面临文化差异、语言障碍以及管理复杂性等问题。这些问题不仅可能削弱企业的管理效率，还可能导致内部化过程中资源的浪费。例如，某些企业在目标市场的管理团队可能缺乏对当地文化和商业环境的理解，这影响了其经营策略的有效性。

3．政策与法律风险

目标国家的政策法规变化可能对内部化模式产生不利影响。例如，某些国家可能通过法律限制外资企业的市场准入，或对跨国企业设立子公司加大税收和监管力度。这种政策风险可能增加内部化的成本，并降低其经济效益。

（四）内部化理论的未来发展方向

随着全球经济环境的变化和数字技术的快速发展，内部化理论面临新的机遇与挑战。跨国企业需要在动态的市场环境中不断优化其内部化策略，以实现可持续增长。

1．数字技术的影响

数字技术的普及为内部化提供了更多可能性。例如，跨国企业可以通过云计算、大数据和区块链技术优化其全球供应链管理和运营模式。这些技术不仅能够降低内部化的管理成本，还能够增强企业对市场变化的响应能力。

2．可持续发展的需求

在全球可持续发展目标的推动下，跨国企业需要在内部化过程中更多地关注环境、社会和公司治理（ESG）因素。例如，通过在目标市场引入绿色生产技术和可持续管理模式，企业可以在实现经济利益的同时履行社会责任，从而获得更高的市场认可度和品牌价值。

3．区域经济一体化的机遇

区域经济一体化为内部化策略提供了新的空间。例如，跨国企业可以利用区域性自由贸易协定（如 RCEP、USMCA）中的政策优惠，通过直接投资优化区域市场中的业务布局。区域经济一体化的深化将促进跨国企业内部化管理效率的提升，并推动全球经济的协同发展。

内部化理论为理解跨国企业的直接投资行为提供了系统化的理论框架。未来，企业如何通过内部化实现全球资源的高效配置，同时应对日益复杂的市场环境，将成为内部化理论进一步发展的重要研究方向。

五、边际产业扩张理论

边际产业扩张理论是国际直接投资研究中的重要理论，由日本学者小岛清提出，主要解释跨国企业为何选择将生产和经营活动扩展到国外市场。该理论认为，企业在国内市场发展到一定阶段后，由于边际收益递减的作用，其在现有市场的扩展空间会受到限制。通过国际直接投资，企业可以开拓新的市场、降低生产成本、获取更多资源，从而实现边际收益的提升。边际产业扩张理论对理解企业全球化布局的动因具有重要意义。尤其是在全球化和产业升级不断加速的背景下，该理论为跨国企业应对市场挑战提供了实践指导。

（一）边际产业扩张理论的核心概念

边际产业扩张理论建立在经济学中边际收益递减的基础上，认为当企业在国内市场达到一定的饱和状态后，新增投入的边际回报会逐步下降。这种情况下，企业需要寻找新的增长空间和资源配置途径。国际市场恰好提供了这样的机会，特别是那些在国内已经高度成熟但在海外市场仍有发展潜力的行业，通过跨国扩张能够有效延长产业生命周期。

1．边际收益递减与扩展的必要性

边际收益递减是企业扩展到国际市场的首要动因。在国内市场，随着市场占有率的提高，企业可能面临需求增长乏力、价格竞争加剧等问题。例如，一家国内消费品企业可能已经覆盖了所有的主要城市，在市场容量受限的情况下，即使增加营销投入或推出新产品，其边际收益也可能不显著。这种局面迫使企业寻求国外市场，通过国际直接投资抓住新的增长机会。特别是一些技术成熟但竞争激烈的行业，如汽车制造业和消费电子行业，国际扩张为企业提供了延续增长的战略选择。

2．降低边际成本与资源优化配置

边际产业扩张理论还强调通过国际直接投资降低边际成本的可能性。跨国企业可以利用目标国家的资源优势，如廉价的劳动力、丰富的自然资源或优惠的税收政策，降低生产成本。例如，纺织服装行业的企业通过将生产基地转移到东南亚地区，将生产成本控制在最低水平，同时维持竞争优势。这种资源优化配置的逻辑，推动了跨国企业在全球范围内的产业链重组。

3．边际产业的选择性扩张

不同产业在国际扩张中的表现和动因差异明显。在劳动密集型行业，企业扩张的动因主要在于降低生产成本。例如，耐克公司通过在东南亚建立生产基地，显著降低了劳动成本。而在资本和技术密集型行业，如半导体制造业和航空工业，其国际扩张则更多地关注获取新市场、促进技术扩散和整合资源。例如，美国的英特尔公司在亚洲设立研发和生产基地，通过贴近市场和供应链优化提升了全球竞争力。

（二）边际产业扩张与国际直接投资的关系

边际产业扩张理论深入探讨了跨国企业在不同发展阶段的投资行为，并将其分为以下几个关键阶段，以阐明国际直接投资的战略逻辑。

1．国内市场饱和后的市场扩展

当企业在国内市场的增长空间逐渐缩小时，国际市场的开拓成为必然选择。以中国的家电企业海尔集团和美的集团为例，当国内市场竞争日趋激烈时，通过国际直接投资进入欧洲和北美市场，将技术和品牌优势推广到全球市场。这种扩张策略不仅帮助企业摆脱了国内市场饱和的限制，还通过全球布局增强了企业的抗风险能力。

2．降低生产成本的产业外移

产业外移是边际产业扩张的核心表现之一。通过将生产活动转移到劳动力成本较低或政策优惠显著的国家，企业能够显著降低运营成本。例如，日本汽车制造商在 20 世纪 80 年代，通过在美国和东南亚国家设立生产基地，不仅降低了生产成本，还通过本地化生产规避了国际贸易中的关税壁垒。外移策略帮助企业实现成本和收益的平衡，是边际产业扩张理论的重要实践案例。

3．技术转移与全球化协同

边际产业扩张还促进了技术转移和产业升级。例如，德国的机械制造企业通过在发展中国家设立生产基地，将先进的生产工艺和管理经验传入目标市场，不仅提升了自身的边际收益，还推动了目标国家的工业化进程。这种国际技术转移，通过知识共享和产业协作，进一步强化了企业的全球化协同能力。

（三）边际产业扩张理论的局限性与挑战

边际产业扩张理论尽管为跨国企业的国际直接投资行为提供了清晰的框架，但在实践中也存在一些局限性并面临挑战。

1. 收益递减与目标市场风险

尽管国际扩张可以为企业创造新的增长机会，但目标市场的饱和可能会减少边际收益。此外，国际市场的不确定性，如政策变动、汇率波动以及市场竞争加剧，可能对企业的扩张战略产生负面影响。例如，一些跨国企业在新兴市场的扩张失败，源于其低估了当地竞争对手的适应能力和市场变化速度。

2. 文化差异与管理复杂性

文化差异与管理复杂性是跨国企业在国际扩张过程中面临的重要挑战。例如，不同国家的消费者偏好、文化习俗以及法律法规可能对企业的扩张策略产生显著影响。此外，跨文化管理中的语言障碍和文化冲突，可能降低企业在目标市场的运营效率。

3. 外部环境的不可控因素

全球供应链中断、地缘政治风险以及疫情等外部因素，可能对跨国企业的扩张战略产生重大影响。例如，新冠疫情期间，许多跨国企业的供应链受到严重干扰，这不仅增加了运营成本，还延缓了其国际扩张的进程。

随着全球经济的数字化转型和可持续发展议程的推进，边际产业扩张理论需要进一步深化。例如，跨国企业可以通过投资数字基础设施、开发绿色能源项目，探索新的扩张路径。同时，区域经济一体化的加速，也为企业提供了新的扩张空间。例如，利用区域性自由贸易协定（如 RCEP、USMCA）的政策优惠，企业可以进一步优化其在区域市场中的布局，提升全球资源配置效率。

边际产业扩张理论不仅揭示了企业进行国际直接投资的动因，还为理解全球化背景下的产业布局提供了新视角。未来，如何通过创新和协作应对国际市场的不确定性，将成为该理论进一步发展的重要研究方向。

六、国际生产折中理论

国际生产折中理论（The Eclectic Theory of International Production）是国际直接投资领域的综合性理论框架，由英国经济学家约翰·邓宁（John H. Dunning）在 20 世纪 70 年代提出。该理论以"所有权优势、区位优势、内部化优势"（Ownership Advantage、Location Advantage、Interna-lization Advantage，OLI 框架）为核心，通过整合多种国际直接投资理论，全面解释了跨国企业为何选择某些国家进行直接投资，以及如何优化全球生产布局。国际生产折中理论的核心理念是，跨国企业的直接投资行为只有在具备上述三种优势时才能产生，同时这些优势的动态变化对企业的国际化策略具有决定性影响。

（一）国际生产折中理论的核心框架

国际生产折中理论通过 OLI 框架，从所有权优势、区位优势和内部化优势三个方面阐释跨国企业进行国际直接投资的动因和选择。这三个维度相互联系，共同构成跨国企业在全球范围内进行投资决策的基础。

1．所有权优势

所有权优势是指跨国企业相较于本地企业所拥有的独特资源或能力。这些资源或能力为企业提供了在国际市场中竞争的基础。所有权优势主要包括技术优势、品牌影响力、管理经验、专有知识以及资本优势。例如，美国的苹果公司凭借其在消费电子领域的技术创新能力和强大的品牌影响力，成功进入全球多个市场。所有权优势的核心在于，资源的稀缺性和不可模仿性，使企业能够在目标市场中规避文化差异、法律障碍等本地化劣势。

技术创新是所有权优势的重要体现。通过在研发活动中获得专利和积累技术经验，跨国企业能够在国际竞争中占据主动。例如，德国的西门子公司通过在自动化和医疗技术领域的持续创新，形成了难以复制的所有权优势。此外，品牌价值也是所有权优势的重要组成部分，强大的品牌声誉能够显著降低跨国企业进入新市场的壁垒，同时提升其产品和服务的附加值。

2．区位优势

区位优势指目标市场的资源禀赋、市场规模、劳动力成本、政策环境等对跨国企业投资决策的吸引力。企业通过选择具有区位优势的目标国家或地区进行直接投资，可以降低成本、优化资源配置并提升竞争力。区位优势包括自然资源的丰富性、劳动力成本的低廉性、市场的潜在需求以及政策的优惠程度。

例如，中国作为全球制造业中心，其区位优势主要体现为低廉的劳动力成本、完善的基础设施和庞大的消费市场。这些区位优势，吸引了众多跨国企业在中国设立生产基地。此外，区域经济一体化也为区位优势的形成提供了条件。例如，东南亚国家通过《区域全面经济伙伴关系协定》（RCEP）提升了其作为跨国企业投资目标地的吸引力。

3. 内部化优势

内部化优势是指跨国企业通过将生产、分销、研发等活动内部化，而非通过市场交易的方式获取资源和服务，以减少外部交易成本并保护专有资源。例如，知识产权保护不足可能导致企业技术外泄或被模仿，而通过直接投资将技术和生产活动纳入企业内部，可以有效规避这些风险。

内部化优势还体现在供应链的整合能力上。例如，丰田汽车公司通过在全球范围内建立一体化的供应链，将生产和分销活动纳入内部管理体系，提高了运营效率并降低了风险。此外，内部化可以增强企业对市场变化的响应能力，使其通过快速调整内部资源配置，更好地应对竞争和需求变化。

（二）OLI 框架的相互作用与动态特性

国际生产折中理论强调，所有权优势、区位优势和内部化优势不是孤立存在的，而是相互作用的。跨国企业的投资决策需要综合考虑这三种优势，并根据目标市场的实际情况进行动态调整。

1. 所有权优势与区位优势的结合

所有权优势和区位优势的结合，是跨国企业选择目标市场的重要依据。当一个国家或地区具有显著的区位优势时，企业通常会利用自身的所有权优势进行投资。例如，美国的特斯拉公司选择中国作为其超级工厂的所在地，正是因为中国具备庞大的电动车市场和完善的制造业生态。通过整合所有权优势（技术和品牌）与区位优势（市场需求和政策支持），特斯拉在中国市场迅速占据领先地位。

2．所有权优势与内部化优势的结合

当跨国企业的所有权优势涉及专有技术或知识产权时，内部化优势尤为重要。例如，制药行业的跨国企业通常选择通过直接投资建立本地化生产和研发中心，而非将核心技术授权给第三方。这种做法不仅保护了企业的专有技术，还确保了生产过程的质量控制。

3．区位优势与内部化优势的结合

区位优势与内部化优势的结合能够进一步提升跨国企业的竞争力。例如，日本的松下公司通过在印度建立太阳能电池生产基地，将低成本劳动力的区位优势与供应链内部化相结合，不仅显著降低了生产成本，还增强了对市场需求变化的响应能力。

（三）国际生产折中理论的局限性与未来发展方向

国际生产折中理论尽管为跨国企业的投资决策提供了全面的理论框架，但在实践中也存在一些局限性。随着全球化和数字化的深入发展，该理论需要不断适应新的经济环境和技术变迁。

1．复杂性与实践挑战

国际生产折中理论的综合性决定了其在实践中的复杂性。企业在进行投资决策时，可能面临如何权衡三种优势的挑战。例如，目标国家的区位优势可能不足以弥补企业的内部化成本，这可能降低投资的效果。此外，地缘政治风险、政策变化以及市场不确定性，也可能对跨国企业的决策产生不利影响。

2．数字经济的影响

数字经济正在改变国际生产折中理论的应用方式。通过数字化技术，企业可以降低交易成本，提高供应链的透明度和效率。例如，跨国电子商务企业通过云计算和大数据技术，实现了资源配置的优化和全球市场的无缝对接。这种新的经济形态为国际生产折中理论的进一步发展提供了广阔的空间。

3．可持续发展的需求

在全球可持续发展目标的推动下，跨国企业需要在国际投资中更多地关注

环境、社会和公司治理因素。例如，通过投资绿色技术和循环经济项目，企业可以在满足可持续发展需求的同时，增强区位和内部化优势。

国际生产折中理论为理解跨国企业的全球化投资行为提供了系统性框架。在未来，如何将传统理论与新兴经济趋势相结合，将成为该理论进一步发展的重要研究方向。

第三节 国际竞争力理论

一、需求偏好相似理论

需求偏好相似理论是国际竞争力理论中的一个重要分支，由瑞典经济学家斯塔凡·布伦斯塔姆·林德（Staffan Burenstam Linder）于 20 世纪 60 年代提出。该理论从需求偏好的视角出发，强调不同国家间的贸易流动不仅仅由生产要素的差异决定，也与消费者需求的相似性密切相关。该理论指出，当两个国家的需求结构相似时，国际贸易会更加活跃，企业能够更好地利用市场扩展机会。与传统的比较优势理论不同，需求偏好相似理论将关注点从生产成本转向需求特征，从而为理解国际贸易模式、跨国企业竞争力以及高收入国家间的贸易行为提供了新的分析框架。

（一）需求偏好相似理论的核心概念

需求偏好相似理论的核心在于消费者需求特征对贸易和竞争力的塑造作用。该理论认为，当两个国家的消费者在收入水平、文化背景、生活方式等方面具有高度相似性时，其消费需求会表现出类似的模式。需求的相似性使企业对目标市场有天然的适应性，能够显著减少进入市场的障碍，同时提升跨国贸易的效率和规模。

1．需求偏好与国际贸易的联系

消费者的需求偏好是企业开发产品和制定市场策略的重要依据。需求偏好相似理论强调，国家间的贸易不仅仅源于资源禀赋差异，还受到需求端因素的显著影响。具体来说，高收入国家之间的贸易之所以密集，是因为这些国家的消费者需求结构具有高度相似性。例如，美国和德国的消费者对高端家电、汽车和奢侈品的需求相似，使得这些行业的跨国贸易非常频繁。这种需求偏好的相似性向企业传递了明确的市场信号，使其能够更高效地在目标市场复制成功模式，降低风险并提升收益。

2．需求偏好相似性的形成因素

需求偏好的相似性主要来源于国家间的收入水平、消费文化和社会结构的趋同。在高收入国家，消费者倾向于追求高质量、高附加值的产品，对价格的敏感性较低。例如，北美和欧洲的消费者在选择汽车时都更注重品牌、性能和安全性，而不是单纯地考虑价格因素。这种相似的需求结构为高附加值商品的跨国贸易创造了条件。此外，全球化和技术进步进一步推动了需求偏好的趋同。通过互联网和国际媒体，消费者对跨国品牌和产品的认知逐渐趋同，为跨国企业提供了更广阔的市场。

（二）需求偏好相似理论的主要内容

需求偏好相似理论的内容可从以下几个维度展开：高收入国家间的贸易驱动、产业内贸易的形成及产品差异化提升竞争力。

1．高收入国家间的贸易驱动

需求偏好相似理论特别适用于解释高收入国家之间的贸易行为。在这些国家，消费者的收入水平和购买力较高，对高端产品和服务的需求更为强烈。例如，日本和德国在汽车领域的贸易就是需求偏好相似理论的典型案例。两国的消费者都高度关注汽车的质量、性能和设计，这种需求相似性促进了两国在高端汽车领域的竞争与合作。例如，日本的丰田和德国的大众在彼此市场上都占据重要的市场份额，这不仅是因为两国的汽车制造商具备强大的技术和品牌实力，更因为两国消费者的需求高度相似，为跨国汽车贸易奠定了坚实的市场基础。

2.产业内贸易的形成

需求偏好相似理论为解释产业内贸易提供了理论支持。产业内贸易是指两个国家在同一产业领域内进行的双向商品或服务贸易。例如，美国和日本在电子产品领域出口和进口相同类别的商品。这种现象的产生与需求偏好的相似性密切相关。两国消费者在功能、质量和品牌上的相似需求，使得企业能够专注于差异化产品的开发。例如，美国的苹果公司与日本的索尼公司都在高端电子产品领域具有强大的竞争力，通过创新产品的差异化设计满足了相似但不完全相同的消费需求。这种双向贸易不仅提高了产品的多样性，也提升了两国在该领域的竞争力。

3.产品差异化提升竞争力

产品差异化是需求偏好相似理论的重要延伸。跨国企业在满足相似需求时，往往会通过产品的细微调整来实现差异化竞争。例如，全球快消品行业中的企业通常会根据目标市场消费者的偏好，在口味、包装和营销策略上进行本地化设计。可口可乐公司通过研究不同国家消费者的饮料偏好，在全球范围内推出了多种配方的饮料，以满足消费者相似但不完全相同的需求。通过差异化策略，企业不仅能够提升市场竞争力，还能够更好地适应目标市场的变化，提高产品的市场接受度。

（三）需求偏好相似理论的局限性与挑战

需求偏好相似理论尽管在解释高收入国家间的贸易行为方面具有显著优势，但在实际应用中也存在一定的局限性。首先，需求偏好相似理论更多地关注高收入国家，而对低收入国家的贸易模式解释力较弱。在低收入国家，消费者更关注价格和实用性，这种需求结构与高收入国家有显著差异，使得理论的适用性受到限制。其次，需求偏好相似理论忽略了供给侧因素的影响。例如，技术创新和生产要素禀赋对贸易的驱动作用在某些行业可能更为重要。此外，全球化和互联网的发展正在加速消费者需求的趋同，这可能削弱该理论对不同市场间需求差异的解释力。

在数字化和可持续发展浪潮的推动下，需求偏好相似理论可以进一步扩展研究视角。例如，大数据和人工智能技术的应用可以帮助企业更精准地捕捉消费者需求的相似性和差异性，从而优化产品设计和市场策略。此外，随着绿色消费趋势的兴起，需求偏好相似理论可以与可持续发展目标相结合，为企业开发绿色产品提供理论支持。通过探索这些新方向，需求偏好相似理论将为国际贸易研究和企业全球化战略提供更加全面的指导。

二、产业内贸易理论

产业内贸易理论（Intra-Industry Trade Theory）是国际竞争力理论的重要组成部分，主要用于解释不同国家在相同产业中商品和服务的相互贸易现象。这一理论由经济学家埃尔赫南·赫尔普曼（Elhanan Helpman）和保罗·罗宾·克鲁格曼（Paul R. Krugman）等人在 20 世纪 80 年代末提出。其核心观点是，国际贸易不仅依赖于传统比较优势，还受到规模经济、产品差异化和消费者多样化需求的驱动。产业内贸易理论打破了传统贸易理论将贸易模式局限于资源禀赋和要素密集度的框架，强调在现代经济中产业内贸易的普遍性及其对国际竞争力的影响。

（一）产业内贸易理论的核心概念

产业内贸易理论的核心在于解释为何国家之间会出现同一产业类别商品或服务的双向贸易。产业内贸易理论指出，这种贸易模式主要由以下几个关键因素驱动：规模经济、产品差异化和消费者偏好的多样化。

1. 规模经济的作用

产业内贸易理论强调，规模经济是推动产业内贸易的重要动力之一。在现代工业生产中，许多商品的单位生产成本随着生产规模的扩大而降低。例如，汽车制造业和消费电子行业均属于规模经济显著的产业。通过扩大生产规模，企业可以降低平均成本，从而提升国际竞争力。产业内贸易的产生正是由于不同国家的企业专注于生产同类但具有差异化的产品，通过规模经济实现生产效率的提高，并通过贸易满足各国市场的多样化需求。

2．产品差异化的推动力

产品差异化是产业内贸易的重要特征之一。与传统贸易中标准化商品的跨国流动不同，产业内贸易更侧重于具有差异化特性的产品。例如，法国出口的高级葡萄酒与意大利出口的高端葡萄酒虽然同属饮品产业，但由于口味、品牌、生产工艺等方面的差异，形成了产业内贸易。消费者对产品多样性的需求促使企业通过创新和品牌塑造来开发差异化产品，这不仅提升了产品的附加值，也推动了产业内贸易的繁荣。

3．消费者偏好的多样化

消费者对多样化商品的偏好是产业内贸易理论的一个关键因素。现代消费者在购买商品时，往往不仅关注价格和功能，还对商品的品牌、设计、文化内涵等附加价值有较高的期待。例如，德国消费者可能偏爱瑞士生产的高端腕表，而瑞士消费者则可能更倾向于购买德国生产的奢华汽车。这种多样化需求促使企业通过差异化产品满足国内外市场的不同需求，从而推动了产业内贸易的发展。

（二）产业内贸易理论的主要内容

产业内贸易理论的主要内容可从以下几个方面展开：贸易模式的形成机制，产品差异化对竞争力的影响，以及产业内贸易对国际经济结构的影响。

1．贸易模式的形成机制

产业内贸易理论指出，贸易模式的形成不仅取决于国家间的资源禀赋差异，还受到产业结构和市场特征的影响。例如，在汽车行业，美国和德国之间的贸易就是典型的产业内贸易。美国出口的皮卡车满足了德国消费者对功能性和耐用性的需求，而德国出口的豪华轿车则满足了美国消费者对高端驾驶体验的需求。这种双向贸易的形成，既反映了两国汽车产业的竞争优势，也体现了消费者需求的多样性。

2．产品差异化对竞争力的影响

产业内贸易理论强调，产品差异化不仅是企业竞争力的重要来源，也是产业内贸易得以实现的关键。例如，在消费电子行业，日本的索尼公司与韩国的三星公司通过不断推出具有差异化特性的电视、智能手机和其他电子产品，在全球市场上占据了重要地位。这种产品差异化策略使得两国的电子产品在国际市场中既竞争又互补，形成了高度活跃的产业内贸易格局。

3．产业内贸易对国际经济结构的影响

产业内贸易不仅对企业的竞争力产生积极影响，也深刻改变了国际经济结构。通过产业内贸易，国家之间的经济联系更加紧密，不同国家的企业通过合作和竞争，共同推动了全球产业链的升级和优化。例如，欧盟内部的产业内贸易在汽车、化工和高端制造业领域非常显著，这不仅增强了成员国之间的经济协同效应，还提升了欧盟在全球市场中的整体竞争力。

（三）产业内贸易理论的局限性与挑战

产业内贸易理论尽管在解释现代国际贸易现象方面具有重要价值，但在实际应用中也存在一定的局限性并面临挑战。

1．对发展中国家的适用性不足

产业内贸易理论更适合解释发达国家之间的贸易模式，而对发展中国家之间的贸易活动解释力较弱。发展中国家的产业结构相对单一，产品差异化程度较低，难以形成复杂的产业内贸易网络。此外，发展中国家往往缺乏推动产业内贸易所需的技术能力和生产能力，这限制了其在全球产业链中的作用。

2．全球化背景下的动态变化

随着全球化的深入，跨国公司通过全球生产网络重塑了传统的贸易模式。产业内贸易在某些行业中的表现可能因全球供应链的变化而受到冲击。例如，地缘政治风险、贸易保护主义以及供应链中断等外部因素，可能削弱产业内贸易的稳定性和可持续性。

3．环境与社会责任的影响

在可持续发展背景下，产业内贸易可能面临新的挑战。例如，高度依赖跨国物流的产业内贸易可能导致较高的碳排放，这与全球环保目标相悖。此外，部分国家可能通过不公平的劳工政策或低环境标准获得价格竞争力，从而威胁到国际贸易的公平性和可持续性。

在数字化和绿色转型的背景下，产业内贸易理论需要进一步扩展其研究范

畴。例如，大数据和人工智能技术的应用，可以帮助企业更精准地捕捉消费者的多样化需求，从而开发更具差异性的产品。此外，随着全球绿色消费趋势的兴起，产业内贸易理论可以结合可持续发展目标，探索如何通过绿色技术和环保产品推动贸易增长。通过这些新方向的拓展，产业内贸易理论将为理解未来国际贸易的复杂性和动态变化提供更加全面的指导框架。

三、竞争优势理论

竞争优势理论由迈克尔·波特（Michael Porter）于20世纪80年代提出，是现代国际竞争力研究中的关键理论之一。该理论旨在解释企业和国家如何通过创新、战略和资源整合，在全球市场中获得并保持竞争优势。波特认为，在经济全球化和产业升级的背景下，传统的比较优势理论已无法全面解释现代经济中的复杂竞争现象。竞争优势理论则从动态视角出发，分析企业如何通过创造价值、实施差异化战略，以及构建持续的竞争能力，在全球化竞争格局中占据主导地位。这一理论不仅为企业制定国际化战略提供了理论依据，也为政府优化经济政策、增强国家竞争力提供了指导。

（一）竞争优势理论的核心概念

竞争优势理论的核心是通过创造价值、优化资源配置以及实施创新战略，在全球市场中获得长期的竞争力。波特提出的价值创造、差异化战略和动态竞争能力，是该理论的三大核心要素。

1. 价值创造的核心地位

价值创造是竞争优势的基础。企业通过提供高附加值的产品和服务，为客户带来更高的满意度，从而提升市场地位。波特指出，企业的价值创造能力不仅依赖于产品的性能，还取决于整个价值链的效率。价值链分析是竞争优势理论的重要组成部分。通过研究从原材料获取、生产、分销到售后服务的全过程，企业可以识别关键环节，并通过优化资源配置提升整体效率。例如，特斯拉在电动汽车领域的价值创造不仅体现在其产品的卓越性能上，还通过自主研发电池技术和建设全球充电网络，为客户提供了完整的生态系统。这种从产品到服务的整合式价值创造，使特斯拉在全球汽车市场中获得了显著的竞争优势。

2．差异化战略提升市场竞争力

差异化战略是企业实现竞争优势的核心手段之一。波特强调，凭借产品和服务的独特性，企业可以在市场中脱颖而出，并获得溢价能力。差异化不仅包括技术创新和产品功能的提升，还涉及品牌建设和消费者体验的优化。例如，苹果公司在智能手机市场中的成功，主要得益于其创新的产品设计、操作系统的独特性以及品牌的强大影响力。苹果公司通过打造与竞争对手完全不同的用户体验，赢得了全球范围内消费者较高忠诚度，建立了显著的竞争壁垒。

3．动态竞争能力的持续塑造

竞争优势的可持续性是竞争优势理论关注的核心。波特认为，在快速变化的市场环境中，企业需要具备动态竞争能力，以应对技术变迁和消费者需求的变化。动态竞争能力主要表现为企业在资源整合、市场适应和创新能力上的持续改进。例如，亚马逊通过不断优化其物流网络、扩展云计算服务（AWS），并将人工智能应用于运营管理，在零售、技术服务和内容生产等多个领域构建了持续的竞争优势。亚马逊的动态竞争能力使其能够在面对不确定性时迅速调整战略，保持市场领导地位。

（二）国家竞争优势钻石模型

波特在竞争优势理论中提出了"国家竞争优势钻石模型"，用以分析国家层面的竞争力来源。钻石模型强调四个关键因素对企业竞争力的塑造作用。这四个关键因素是：要素禀赋，需求条件，相关与支持性产业，以及企业战略、结构与竞争。

1．要素禀赋推动国家竞争力形成

要素禀赋是国家竞争优势的基础，但波特进一步区分了基础要素（如自然资源、劳动力）和高阶要素（如技术、教育、基础设施）。高阶要素的积累需要长期投入和政策支持，对现代经济中的国家竞争力至关重要。例如，瑞士在高端钟表制造业的竞争优势，不仅依赖于熟练的工匠技艺，还得益于先进的技术研发和行业高标准的制定。这些高阶要素使瑞士钟表在全球市场中占有不可替代的地位。

2．苛刻需求条件激发创新能力

波特强调，国内市场的苛刻需求对企业的创新具有重要推动作用。当企业面对高要求的消费者时，其产品和服务质量往往会得到显著提升。例如，北欧国家的消费者对绿色能源和环保技术的强烈需求，推动了当地企业在可再生能源领域的技术突破。丹麦的风能技术和挪威的电动汽车充电设施均在全球范围内处于领先地位。这种竞争优势直接来源于国内市场的需求驱动。

3．相关与支持性产业的协同作用

相关与支持性产业之间的协同效应是国家竞争优势的重要来源。强大的产业集群不仅提升了生产效率，还促进了技术扩散和知识共享。例如，美国硅谷作为全球创新中心，得益于高科技企业、风险投资机构和研究型大学的密切协作。这种集群效应为企业提供了良好的创新环境和资源支持，从而显著提升了区域竞争力。

4．企业战略、结构与国内竞争环境的影响

波特认为，国内竞争的激烈程度能够激励企业不断优化其战略和结构，从而在国际市场中占据有利地位。例如，中国家电行业的竞争激烈程度极高，企业在价格、技术和服务方面的竞争促进了整个行业的升级。通过激烈的国内竞争，中国家电品牌如美的和海尔，不仅在国内市场占据领先地位，还成功进入了国际市场，形成了全球竞争力。

（三）竞争优势理论的局限性与未来发展方向

竞争优势理论尽管在实践中具有广泛适用性，但在动态变化的市场环境中也面临挑战。

1．动态变化的挑战

全球化和数字化正在改变竞争优势的传统构成。例如，技术迭代速度的加快可能迅速削弱企业的传统优势。企业需要更加注重动态竞争能力的塑造，以适应市场的快速变化。

2．环境与社会责任的需求

在可持续发展目标的推动下，企业竞争优势需要更多地考虑环境与社会责

任。例如，企业在追求竞争力的同时，还需要实现碳中和目标和社会公平，这对传统竞争优势模型提出了新的要求。

3. 全球化与区域化的平衡

随着全球供应链的重组，企业需要在全球化和区域化之间寻找平衡。在全球范围内优化资源配置，同时满足区域市场需求，是竞争优势理论的重要发展方向。

未来，竞争优势理论可以通过结合数字化技术和可持续发展目标，进一步拓展其理论内涵，为塑造企业和国家的竞争力提供更全面的指导框架。这不仅能够应对现代经济中的复杂挑战，还能促进全球经济的协调发展。

第三章

数字经济与国际贸易

第一节　数字经济概述

一、数字经济的内涵、范围与特征

数字经济是当前全球经济转型的重要驱动力，已经成为经济发展中的核心要素。随着信息技术的快速发展和互联网的广泛普及，数字经济的内涵和外延不断丰富。其影响已从单纯的技术层面扩展到社会、文化、经济乃至政治领域，对全球价值链的重塑和经济结构的升级起到了关键作用。理解数字经济的定义与范围，对于把握其内在特征及未来发展方向至关重要。

（一）数字经济的内涵

数字经济的概念最早由美国学者唐·泰普斯科特（Don Tapscott）在1996年提出，用以描述由数字化技术推动的新经济形态。近年来，随着大数据、云计算、人工智能和区块链等技术的不断成熟，数字经济的内涵得到了进一步扩展。从广义上看，数字经济是指以数字技术为核心驱动力，通过互联网、物联网等数字化基础设施进行资源配置和价值创造的新型经济形态。

1. 技术基础

数字经济的核心驱动因素是信息技术的应用和普及。这些技术包括但不限于人工智能、大数据分析、区块链、物联网和5G通信技术。这些前沿技术不仅改变了传统的生产和消费方式，还催生了全新的商业模式。例如，人工智能技术的应用使得生产过程更加智能化，大数据分析帮助企业更精确地把握市场需求，而区块链技术则提升了数据存储和交易的安全性。

2. 经济内涵

从经济活动的角度来看，数字经济不仅包括基于互联网的数字产品和服务，还涵盖了传统行业通过数字化转型而生成的新经济价值。例如，电子商务平台不仅改变了零售行业的交易方式，还通过优化供应链管理，提升了整个行业的效率。另外，数字经济还包括数字基础设施的建设与运营，如光纤网络、数据中心和云计算平台，这些都是数字经济得以运行的重要保障。

（二）数字经济的范围

数字经济的范围广泛，涵盖了经济活动的多个层面。它不仅体现在新兴产业的崛起中，也深刻影响了传统行业的运行方式和价值链的构成。

1. 核心数字产业

核心数字产业是数字经济的基础，主要涉及信息通信技术、电子商务、数字内容和数字服务等领域。这些行业直接依赖于数字技术的发展，是数字经济的核心驱动力。例如，软件开发、数据存储与处理、电子支付系统等都是核心数字产业的重要组成部分。近年来，随着消费者对数字化服务需求的激增，核心数字产业的经济贡献率显著提升。例如，云计算服务的全球市场规模持续增长，为企业提供了更加灵活的资源配置方式。

2. 传统产业的数字化转型

数字经济的另一个重要内容是传统产业的数字化转型。通过应用数字技术，传统产业可以实现流程优化、效率提升以及商业模式的创新。例如，在制造业领域，工业互联网和智能制造技术的应用显著提升了生产效率；在农业领域，无人机、精准农业设备和大数据分析技术的应用帮助农民更科学地进行种植决策。传统产业的数字化升级不仅提高了经济效率，也极大地拓展了数字经济的影响范围。

3. 平台经济与共享经济

数字经济的重要组成部分还包括平台经济和共享经济。平台经济以互联网平台为载体，将供需两端的资源高效连接起来。例如，亚马逊和阿里巴巴等电子商务平台通过技术和数据赋能，为企业和消费者提供了便捷的交易环境。共享经济则通过对闲置资源的整合与共享，创造了全新的商业模式。例如，滴滴出行和Airbnb通过平台技术实现了交通和住宿资源的高效配置，为消费者提供了更加灵活和经济的服务选择。

4. 数字金融与虚拟经济

数字经济还涵盖数字金融与虚拟经济领域。数字金融主要包括移动支付、在线银行、数字货币和区块链技术的应用。这些技术大幅提升了金融服务的效率和普惠性。例如，中国的支付宝和微信支付不仅改变了国内的支付方式，还成为全球数字金融领域的重要创新成果。虚拟经济则涵盖虚拟资产、数字货币和虚拟现实技术的应用，例如比特币交易市场和虚拟房地产等。

5. 数字经济与文娱产业

数字经济的范围延伸到了文化与娱乐领域。在线流媒体、网络游戏和数字内容生产已经成为数字经济的重要组成部分。例如，Netflix等流媒体平台通过大数据分析进行个性化用户推荐，为消费者提供了更加丰富的娱乐选择；腾讯等企业则通过游戏开发和虚拟商品销售，推动了数字娱乐产业的快速发展。这些领域不仅创造了巨大的经济价值，还对社会文化传播和消费者行为产生了深远影响。

（三）数字经济的特征

数字经济的定义和范围体现了其技术和经济属性，数字经济的特征则进一步阐明了其与传统经济的本质区别。

1. 数据驱动性

数据是数字经济的核心资源。在数字经济中，企业通过收集、分析和应用数据，可以更高效地优化决策过程和资源配置。例如，亚马逊通过对用户购买记录和搜索行为的数据进行分析，不仅提高了商品推荐的精准度，还显著提升了供应链的效率。数据的驱动性使数字经济的运行具有更高的动态性和适应性。

2．网络效应

网络效应是数字经济的另一个显著特征。随着用户规模的扩大，数字经济的价值创造能力会呈指数级增长。例如，社交媒体平台的价值不仅取决于技术能力，还取决于平台用户数量和互动频率。用户数量的增加不仅提升了平台的广告价值，还为平台上的其他用户提供了更丰富的内容和服务选择。

3．边际成本递减

数字经济中的边际成本呈现显著的递减趋势。数字产品和服务在复制和传播时的成本几乎可以忽略不计，从而大幅降低了产品交付的成本。例如，一部电影在流媒体平台上的发行成本与其播放次数无关，这种低边际成本为企业创造了更大的利润空间。

4．全球化与跨境特性

数字经济具有天然的全球化属性。通过互联网，企业可以迅速进入全球市场并提供跨境服务。例如，跨境电子商务平台能够帮助中小型企业直接面向国际客户，而在线教育和远程医疗服务可以通过跨境数字技术触及全球用户。这种全球化特性使数字经济不仅对区域经济产生了深远影响，也为全球化进程注入了新的动力。

二、数字经济对国际贸易的影响

数字经济作为全球经济发展的核心驱动力，正在以前所未有的速度和深度重塑国际贸易。数字技术的应用使传统贸易的模式、结构和机制彻底改变。数字经济影响国际贸易的方式既体现在贸易数字化、服务贸易发展和市场准入模式的创新上，也反映在全球价值链的重构及新的风险与挑战上。以下将从多个维度深入分析数字经济对国际贸易的具体影响。

（一）推动国际贸易数字化

数字经济通过技术赋能，使国际贸易从传统模式向数字化模式转型。贸易数字化的主要表现包括电子商务重塑贸易模式、物流与供应链的智能化升级以及贸易流程的全面在线化。

1. 电子商务重塑贸易模式

电子商务是数字经济推动国际贸易数字化的重要体现。其核心在于通过技术平台连接生产者和消费者，缩短贸易链条，提升交易效率。例如，阿里巴巴的全球速卖通平台和亚马逊的跨境销售网络，将数百万企业与全球消费者连接起来，显著降低了交易成本和中间费用。对于中小型企业而言，跨境电子商务平台为其提供了进入国际市场的机会。而这些在传统贸易中被视为"边缘玩家"的企业，通过数字化工具实现了市场扩展。电子商务不仅为企业提供了直接面向全球消费者的通道，还使消费者更容易获得多样化的产品选择。这种交易方式显著提高了全球贸易的包容性。

2. 物流与供应链的智能化升级

物流与供应链的智能化是国际贸易数字化的重要组成部分。通过物联网、大数据和人工智能等技术，跨国企业可以实时监控和优化物流流程。例如，区块链技术在国际物流中的应用不仅提高了信息透明度，还减少了贸易纠纷，提升了贸易效率。亚马逊的智能仓储系统通过机器人自动分拣货物，使得跨境物流的效率大幅提升。另外，无人运输技术的普及，如自动驾驶卡车和无人机递送，则进一步降低了国际物流成本，缩短了交付时间。这种智能化的物流体系增强了贸易的灵活性和稳定性，使企业能够更快速地响应市场变化。

3. 贸易流程的全面在线化

数字技术的普及推动了国际贸易从文件纸质化向全面在线化转型。例如，电子单据和在线支付的广泛应用替代了传统的纸质文件和银行转账。通过在线支付工具（如支付宝、微信支付和 PayPal），跨境资金流动变得更加快捷、安全。电子化的流程不仅缩短了交易周期，还减少了人为操作失误的风险。同时，基于区块链的智能合约技术也在国际贸易中得到了广泛应用，其通过自动化合同执行减少了交易摩擦，提升了贸易效率。

（二）促进服务贸易的快速增长

数字经济为服务贸易的快速增长提供了重要动力，推动服务贸易从传统的面对面交易向全球化、远程化方向发展。这种转型体现为数字服务贸易的兴起、远程服务与全球外包装的增长以及数字文化与娱乐的国际化。

1. 数字服务贸易的兴起

数字技术的应用催生了数字服务贸易的新形态，例如软件订阅服务、云计算服务和在线教育服务。科技公司通过互联网向全球市场提供高价值的服务产品。例如，微软和谷歌通过云计算平台为全球企业和个人用户提供数据存储、分析和协作工具。这些服务以数字化形式交付，不仅突破了传统服务贸易的地域限制，还显著降低了服务提供的边际成本。数字服务贸易提高了全球经济的附加值，使服务贸易在国际贸易中的比重不断上升。

2. 远程服务与全球外包的增长

数字经济还促进了远程服务和全球外包的发展。印度的软件外包产业就是数字经济下远程服务发展的典型案例。通过互联网连接，印度的IT公司向北美和欧洲市场提供高效的编程技术支持和客户服务。这种模式不仅降低了客户的运营成本，还为印度创造了大量就业机会，推动了印度服务贸易的快速发展。此外，远程医疗和跨境在线教育也是服务贸易的新兴领域。例如，中国的在线教育平台VIPKID通过互联网向全球学生提供英语教学服务，这种基于数字技术的服务模式显著扩展了服务贸易的边界。

3. 数字文化与娱乐的国际化

数字经济使文化与娱乐产品能够在全球范围内实现快速流通。通过流媒体和社交媒体平台，电影、音乐和游戏等数字内容的全球化进程得以加速。例如，Netflix通过全球流媒体平台将影视作品推广至200多个国家，成功实现了文化产品的跨境流通。游戏产业也是数字经济推动服务贸易的典型例子。例如，中国的腾讯公司通过旗下游戏在全球范围内的成功运营，不仅创造了巨大的经济效益，还通过数字内容的出口加强了国际文化交流。

（三）改变国际市场准入模式

数字经济的创新使企业进入国际市场的方式发生了根本性改变，降低了市场准入门槛，使更多企业能够参与全球贸易。

1. 小微企业的全球化路径

在传统国际贸易模式中，小微企业由于资源有限，往往难以参与全球市场竞争。数字经济的兴起为这些企业提供了进入国际市场的机会。小微企业借助亚马逊、eBay 和阿里巴巴等平台，可以直接面向全球消费者销售商品，而无须依赖传统的贸易代理或分销渠道。这种直接的市场准入方式，不仅降低了小微企业的运营成本，还扩大了其市场覆盖范围。

2. 定制化与个性化服务的兴起

数字技术使企业能够根据全球消费者的个性化需求进行生产。例如，3D 打印技术的应用使企业能够实现小批量定制化生产，以满足国际市场对个性化商品的需求。这种灵活的生产模式不仅提升了生产效率，还增强了企业快速响应市场变化的能力，从而提高了国际市场准入的可能性。

3. 跨境数据流动与数字产品贸易

数字经济推动了跨境数据流动的快速增长，这为数字产品贸易提供了广阔空间。科技公司通过云计算和数据中心的全球布局，能够快速、高效地提供数字服务。例如，Adobe Creative Cloud 平台通过跨境数据传输，为全球设计师提供了基于订阅的设计工具。这种数字贸易形式逐渐成为国际市场的重要组成部分，并推动了贸易模式的多样化发展。

（四）重塑全球价值链

数字经济通过技术赋能和资源优化，彻底改变了全球价值链的运行方式和结构。

1. 价值链的扁平化与集成化

数字经济推动了全球价值链的扁平化，将生产者与消费者连接起来，减少了中间环节。例如，特斯拉通过直接向消费者销售汽车，取消了传统的经销商环节。这种模式不仅降低了成本，还提高了价值链的透明度和效率。

2．技术驱动的价值链升级

数字经济通过技术创新提升了价值链各环节的效率。例如，工业互联网的应用使制造企业能够实现智能化生产，优化生产流程并减少资源浪费。此外，区块链技术通过提升价值链的可追溯性和透明度，为国际贸易的安全性提供了保障。

3．价值链区域化的趋势

数字经济还推动了全球价值链的区域化发展。例如，基于区域市场需求，企业可以通过智能制造技术在多个区域市场设立生产基地。这种区域化的价值链模式增强了供应链的灵活性和市场响应能力，同时降低了跨境运输成本。

（五）应对新兴风险与挑战

数字经济尽管对国际贸易的推动作用显著，但也伴随着诸多新的风险与挑战。

1．数据安全与隐私泄露的风险

跨境数据流动在促进贸易便利的同时，也增加了数据安全和隐私泄露的风险。例如，大规模的数据泄露事件可能导致用户信任度的下降，并对企业的声誉和业务造成严重影响。

2．数字鸿沟的加剧

数字经济的发展可能进一步扩大发达国家与发展中国家之间的数字鸿沟。一些欠发达国家由于技术和基础设施落后，难以充分参与国际贸易的数字化转型。这种不平等可能进一步加剧全球经济发展的不平衡。

3．国际规则的适应性不足

现有的国际贸易规则未能完全适应数字经济带来的新变化。例如，数字产品税收政策、跨境数据流动的监管以及隐私保护法规等问题，需要国际社会通过多边合作加以解决。

随着技术的不断突破，数字经济将对国际贸易产生深远影响。从人工智能到区块链，从虚拟现实到绿色数字技术，这些创新将推动国际贸易向更加高效、智能和可持续的方向发展。

三、数字经济下的生产力与生产关系变革

数字经济的兴起不仅推动了生产力的质变，也引发了生产关系的深刻变革。作为信息技术和数字技术快速发展的产物，数字经济在重新定义生产要素、生产方式和经济结构的同时，也重塑了人与人之间的关系、资本与劳动之间的分工以及产业间的协作。以下从生产力的提升、生产关系的重构及二者相互作用等角度，探讨数字经济带来的深远影响。

（一）数字经济提升生产力的主要方式

数字经济通过技术创新和资源整合，大幅提升了社会生产力。其核心在于对生产要素的重新定义与优化配置，以及传统生产方式的全面升级。

1．数据作为核心生产要素的崛起

在数字经济中，数据被视为与土地、劳动力、资本并列的核心生产要素。大数据技术的广泛应用，使企业能够精准分析市场需求、优化资源配置并提升生产效率。例如，制造业中的工业互联网平台通过采集和分析设备运行数据，能够实时优化生产流程，减少资源浪费并提升生产效率。数据提升了单个企业的生产力，而跨行业数据共享推动了整个产业链的协同优化。

2．技术驱动的智能化生产

数字技术的发展推动了生产力从机械化向智能化的跨越。人工智能、物联网和5G技术的结合，使智能制造成为现实。例如，智能工厂通过物联网连接设备和生产线，实现了从原材料供应到产品出厂的全流程自动化管理。这种智能化的生产方式不仅降低了人工干预的成本，还显著提升了生产的精准度和效率。同时，机器人技术的应用进一步解放了劳动力，使劳动者可以从重复性工作中解脱出来，走上更具创造性的岗位。

3．生产流程的数字化与网络化

数字化和网络化是数字经济提升生产力的关键手段之一。通过数字孪生技术，企业能够在虚拟环境中模拟生产过程，识别潜在问题并优化生产流程。例如，航空制造业中的波音公司通过数字孪生技术对飞机设计进行模拟，大幅降低了生产中的试错成本。此外，供应链的网络化协同使跨国企业可以实时追踪和管理生产环节，避免了传统供应链中信息传递不畅导致的资源浪费和效率低下。

（二）数字经济对生产关系的重构

数字经济不仅改变了生产方式，还对生产关系的传统结构提出了挑战。在新的经济模式下，劳动力市场的结构、资本与技术之间的关系发生了深刻变化，同时也催生了新的合作和竞争模式。

1．劳动力市场的结构性变化

随着智能技术的普及，传统劳动密集型岗位逐渐被自动化和智能化设备取代，而高技能岗位的需求则大幅增加。劳动力市场的结构性变化，要求劳动者具备更高的技术能力和更强的适应性。例如，制造业中一线工人岗位的需求正在减少，而编程、数据分析和设备维护等技能型岗位的需求则快速上升。这种趋势对劳动者的职业技能培训和再教育提出了新的要求，也对传统教育体系的改革产生了深远影响。

2．资本与技术的主导地位提升

在数字经济中，技术的作用被进一步放大，资本与技术的结合成为推动经济发展的主要动力。例如，大型科技企业如谷歌、亚马逊和特斯拉，通过技术研发和资本投资，在全球范围内形成了技术和市场的双重垄断。这种趋势强化了技术资本在生产关系中的主导地位，但同时也加剧了经济资源向少数企业集中的趋势，导致市场竞争不公平。

3．合作与竞争关系的重新定义

数字经济还通过平台化模式重新定义了企业之间的合作与竞争关系。在传统经济中，企业之间的竞争以争夺市场份额为主；而数字经济中的企业通过平台合作形成生态圈，共同扩大市场。例如，苹果公司和第三方开发者之间既有合作又有竞争。苹果公司通过 App Store 平台为开发者提供应用分发渠道，同时也通过自主研发应用与开发者形成竞争。这种合作与竞争关系的重新定义，改变了传统生产关系中的利益分配模式。

（三）生产力提升与生产关系变革的相互作用

数字经济中生产力的提升与生产关系的变革并非孤立存在的，两者之间形成了动态的互动关系，共同推动了社会经济的发展。

1. 技术进步推动生产关系调整

生产力的提升需要生产关系的不断调整以适应新的技术环境。例如，区块链技术的应用推动了分布式经济模式的发展，重塑了生产关系中的信任机制和价值分配方式。在跨境支付和供应链管理中，区块链通过去中心化技术，削弱了传统中介机构的作用，增强了交易透明度。这种技术进步不仅提升了生产力，还改变了资本和劳动在传统生产中的角色分工。

2. 生产关系创新促进生产力释放

生产关系的创新为生产力的进一步释放提供了条件。例如，共享经济模式的兴起通过整合分散资源，实现了资源的高效利用。滴滴出行和 Airbnb 等平台通过技术手段将闲置资源转化为生产力，不仅为个人提供了创收渠道，也推动了服务行业生产力的提升。这种生产关系的创新通过赋予个体更多的经济参与权，进一步激发了社会生产力的潜力。

（四）数字经济下生产力与生产关系变革的未来趋势

数字经济正在以指数级的速度加快发展，其对生产力和生产关系的变革将进一步深化。

1. 智能化生产与人机协作的全面普及

随着人工智能和机器人技术的进一步发展，人机协作将在更多行业中得到普及。例如，医疗行业中的智能辅助诊断系统将与医生协同工作，提升诊断的精准度和效率。在制造业中，智能机器人将与工人协作完成更复杂的任务。智能化生产方式不仅能进一步解放劳动力，还能显著提升社会整体生产力。

2. 生产关系向分布式与去中心化方向演进

随着区块链等技术的成熟，生产关系将朝着分布式和去中心化的方向发展。例如，去中心化自治组织（DAO）通过智能合约实现资源的高效配置和利益的公平分配，有可能成为未来企业组织形式的一种重要补充。这种生产关系的变革有望减少传统经济模式中的垄断现象，提升社会经济的整体公平性。

3. 可持续生产力与生态化生产关系的融合

数字经济的发展将围绕可持续发展目标，通过技术创新实现绿色生产力的提升。例如，在能源领域，智能电网技术有助于实现能源生产与消费的动态平衡，减少能源浪费；在农业领域，精准农业技术将通过数据分析将资源优化利用，在提升农业生产力的同时，减少对环境的破坏。可持续生产力的提升要求生产关系的生态化调整，推动更多行业采用循环经济模式。

数字经济不仅提升了社会生产力，还引发了生产关系的深刻变革。未来，生产力与生产关系之间的互动将成为推动社会经济转型的核心动力。在这一过程中，如何实现技术创新与社会公平之间的平衡，将是数字经济可持续发展的关键议题。

四、数字经济与可持续发展目标

数字经济的快速发展不仅为全球经济注入了新动力，也为实现可持续发展目标提供了重要路径。作为 21 世纪全球经济转型的重要驱动力，数字经济通过技术创新和资源整合，为实现消除贫困、减少不平等、应对气候变化等可持续发展目标带来了创新性的解决方案。以下将从数字经济如何促进经济增长、促进社会公平以及支持环境保护的角度，系统探讨其与可持续发展目标的内在联系及作用机制。

（一）数字经济推动包容性经济增长

数字经济通过降低市场准入门槛、优化资源配置和提升生产效率，为经济增长带来了更多可能性，同时也显著增强了经济活动的包容性和普惠性。

1. 促进中小型企业发展

数字经济通过跨境电子商务平台和数字金融工具，帮助中小型企业参与全球市场竞争，降低了它们的运营成本。例如，亚马逊和阿里巴巴等跨境电子商务平台通过提供统一的销售和物流服务，使中小型企业可以直接面向全球消费者销售商品。这种模式不仅减少了中小型企业对中介机构的依赖，还扩大了其市场覆盖范围。与此同时，移动支付和在线融资平台的普及，为中小型企业提供了更多的融资渠道，解决了传统经济中融资难的问题，从而推动了包容性经济的增长。

2. 数字技术优化经济结构

通过人工智能、大数据和物联网技术，数字经济正在改变传统经济结构，使得经济活动更加高效和可持续。例如，在制造业中，智能工厂通过工业互联网和机器人技术实现了生产的自动化和精准化，大幅提升了生产效率并减少了资源浪费。这种技术进步不仅推动了传统行业的升级，还为新兴产业的发展提供了技术支持，从而形成了更具包容性和适应性的经济结构。

3. 降低经济活动的区域不平衡性

数字经济通过互联网的连接性，缩小了不同区域间的经济差距。例如，农村电子商务的兴起帮助偏远地区的农民直接与城市消费者建立联系，从而打破了传统贸易中的地理限制。这种模式在中国得到了广泛应用。通过淘宝村和京东物流，许多农产品得以销往全国甚至国际市场，显著提高了农民的收入水平。

（二）数字经济助力社会公平与福祉提升

数字经济的广泛应用不仅提升了生产效率，也为提升社会公平和福祉提供了强大的技术支持。通过教育、医疗和社会保障领域的数字化转型，数字经济正在缩小社会差距，促进社会包容性发展。

1. 数字技术促进教育公平

数字教育平台通过在线课程和虚拟课堂，为偏远和贫困地区的学生提供了与城市学生同等的学习机会。例如，中国的学而思网校和美国的 Coursera 平台通过提供高质量的在线课程，使成千上万的学生获得了优质教育资源。这种基于数字技术的教育模式，不仅降低了教育的地域壁垒，还通过个性化学习算法提升了学生的学习效率，从而促进了教育公平。

2．改善医疗服务的可及性

数字医疗技术通过远程诊断和在线咨询，大幅提高了偏远地区居民获得医疗服务的可及性。例如，印度的 Apollo Hospitals 通过远程医疗平台，为乡村患者提供了在线问诊和健康管理服务；类似地，中国的平安好医生通过 AI 问诊和药品配送服务，解决了乡村医疗资源不足的问题。这种数字医疗模式不仅降低了患者的医疗成本，还提高了医疗的效率和扩大了医疗覆盖面。

3．增强社会保障的精准性

数字经济中的大数据技术为社会保障政策的精准制定提供了重要支持。例如，政府可以通过分析社会保险数据和人口统计信息，了解社会救助对象的具体需求，从而优化资源配置。以巴西的"博尔萨家庭计划"为例，该计划通过电子支付系统向贫困家庭发放补贴，不仅减少了传统救助中的中间环节，还提升了政策执行的透明度和效率。

（三）数字经济推动绿色发展与环境保护

数字经济通过资源优化、能源效率提升和绿色技术创新，为环境保护和可持续发展目标的实现提供了重要支持。

1．提升能源利用效率

数字技术在能源领域的应用显著提升了能源的利用效率。例如，智能电网通过物联网和大数据分析技术，实现了能源生产与消费的实时动态平衡。这种技术不仅减少了能源浪费，还通过精准的用电需求预测优化了电力调度。此外，数字技术还促进了可再生能源的发展，如太阳能电池板的智能管理系统，可提升光伏发电的效率。

2．推动循环经济的发展

数字经济为循环经济模式奠定了技术基础。例如，通过区块链技术，企业可以跟踪产品，从原材料的采购到废弃物的回收再利用的全生命周期。这种透明的追踪机制不仅提高了资源的回收率，还增强了消费者对绿色商品的信任度。此外，共享经济模式（如共享单车和共享汽车），通过优化资源配置，避免了资源的过度消耗，为环境保护做出了贡献。

3. 创新绿色生产技术

数字经济推动了绿色生产技术的研发和应用。例如，在工业制造领域，3D打印技术可以通过按需制造显著减少材料浪费，同时提升生产效率；在农业领域，精准农业技术通过传感器和大数据分析减少了水资源和化肥的使用量，减少了农业生产对环境的负面影响。这些技术进步为实现绿色发展目标提供了有效路径。

（四）数字经济与可持续发展目标的协同机制

数字经济与可持续发展目标之间的协同关系是多维度的。数字经济通过技术、资本和制度的结合，形成了推动可持续发展的强大合力。

1. 技术驱动的创新机制

数字经济为可持续发展目标提供了丰富的技术工具。例如，人工智能技术可以高效地分析全球气候数据，从而为应对气候变化提供科学依据。此外，云计算和物联网技术的结合，使资源管理和优化更加精确，为可持续发展目标的实现提供了技术保障。

2. 资本推动的经济动力

数字经济中的投资活动为可持续发展目标的实现注入了资本动力。例如，越来越多的企业将 ESG 目标融入商业战略中，吸引了大量绿色投资。这种资本导向的转变不仅促进了企业的可持续发展，还推动了全球资本市场向绿色经济的转型。

3. 制度支持的政策环境

数字经济的快速发展推动了可持续发展政策的创新。例如，各国政府通过建立数据共享和隐私保护的法律框架，鼓励企业在数字经济领域进行创新。这种制度支持不仅为数字经济提供了健康发展的环境，还为实现可持续发展目标提供了政策保障。

数字经济与可持续发展目标的融合，将为全球经济的绿色转型和社会福祉的提升注入新的动力。随着技术的进一步创新，数字经济在促进经济增长、提升社会公平和推动环境保护方面的作用将更加显著，为全球可持续发展目标的实现提供重要支撑。

第二节　数字经济下的国际贸易格局

一、全球数字经济战略布局新动向

在全球经济数字化转型的浪潮中，各国和地区纷纷制定并实施数字经济发展战略，以推动经济增长、提升国际竞争力并塑造新的贸易格局。这些战略的核心不仅在于技术创新与产业升级，还包括通过数字技术重塑全球贸易规则和价值链。在这一背景下，全球数字经济战略布局呈现出以下几个新动向：技术主导的竞争加剧、区域化与全球化并行发展、跨国企业的主导地位进一步强化、数字治理与国际合作的深化。

（一）技术主导的竞争加剧

技术创新是数字经济发展的核心动力，各国在数字技术领域的竞争日益激烈，这种竞争主要体现在人工智能、区块链、5G 通信和量子计算等前沿技术的研发与应用上。

1．人工智能领域的全球竞争

人工智能被认为是未来数字经济的关键驱动力。美国、中国和欧盟等主要经济体在人工智能领域展开了激烈竞争。例如，美国通过国家人工智能战略，加大对人工智能基础研究和人才培养的投入，同时鼓励私营企业积极参与技术创新。中国则通过《新一代人工智能发展规划》，致力于在 2030 年成为全球人工智能领域的领导者。欧盟则聚焦于"可信 AI"的发展，通过法律框架和伦理标准，试图在全球人工智能治理中占据主导地位。这种竞争不仅推动了人工智能技术的快速进步，也重塑了国际经济和贸易格局。

2. 5G 通信技术的竞争与合作

5G 通信技术作为数字经济基础设施的重要组成部分，各国在其研发和部署方面展开了激烈竞争。例如，中国通过华为、中兴等企业主导了全球 5G 网络的部署，而美国则试图通过对欧洲和亚洲供应商的投资减少对中国技术的依赖。与此同时，韩国和日本也在加快 5G 技术的商业化进程。尽管竞争激烈，但在国际合作方面，各国也认识到 5G 标准化对全球互联互通的重要性。例如，国际电信联盟（ITU）在 5G 技术的频谱分配和标准制定中发挥了协调作用。

3. 区块链与量子计算的崛起

区块链技术作为保障数据安全和透明交易的核心技术，在国际贸易、供应链管理和金融服务中得到了广泛应用。美国和欧盟在区块链技术研发方面具有较强的先发优势，而中国则通过国家区块链服务网络（BSN）推动了区块链技术的大规模应用。另外，量子计算领域成为全球竞争的新高地。美国的谷歌、IBM，中国的阿里巴巴、腾讯等企业，正在量子计算领域进行技术研发。这种技术一旦成熟，将彻底改变现有的加密通信和数据分析模式，并大幅提升计算能力，为全球数字经济带来重要影响。

（二）区域化与全球化并行发展

在全球化进程中，区域经济一体化的趋势日益显著，数字经济在推动区域内经济整合的同时，也加剧了区域之间的竞争。

1. 区域数字经济合作的深化

区域数字经济合作成为全球战略布局中的重要一环。例如，RCEP 在数字贸易领域的规则制定，标志着亚洲经济体之间数字经济合作的深化。通过加强数据流动、电子商务和数字支付的规则协调，RCEP 成员国正在构建一个更加紧密的区域数字经济网络。同样，欧盟内部通过"数字欧洲计划"推动成员国在数字基础设施建设、人工智能应用和网络安全领域的协同发展。

2．跨区域合作与数字桥梁的搭建

尽管区域合作深化，但全球化的趋势并未减弱。例如，中国的共建"一带一路"倡议通过"数字丝绸之路"推动共建国家在数字经济领域的合作。具体而言，通过建设跨境光缆、数据中心和智慧城市，中国将自身的数字技术与共建国家的经济发展需求相结合，形成了跨区域的数字经济合作网络。同样，美国通过"数字贸易协定"加强与墨西哥、加拿大以及亚太经济体在跨境数据流动和数字服务贸易领域的合作。

（三）跨国企业的主导地位进一步强化

跨国企业在全球数字经济战略布局中的作用日益显著，尤其是在技术创新、数据资源控制和市场拓展方面。

1．全球科技巨头的市场主导力

全球科技巨头如谷歌、亚马逊、微软和苹果公司，通过在云计算、电子商务和人工智能领域的投入，强化了其在全球数字经济中的主导地位。例如，亚马逊的 AWS 云服务已经覆盖全球多个国家，为企业提供了从数据存储到计算服务的一站式解决方案；微软通过与全球各地政府和企业合作，加速了数字化转型进程。这些科技巨头不仅是技术创新的主要推动者，也是数字经济规则的制定者和执行者。

2．平台化经济的扩展

平台经济的快速崛起改变了传统的国际贸易模式。例如，阿里巴巴和亚马逊的全球化战略，通过整合物流、支付和数据分析服务，为中小型企业和消费者提供跨境交易的便利。这种平台化经济模式，不仅提升了贸易效率，还重新定义了国际市场竞争的规则。

3．数字生态系统的建立

跨国企业通过构建数字生态系统，扩大了其市场影响力。例如，苹果公司通过 App Store 生态系统，不仅将全球开发者聚集在一起，还为用户提供了丰富的数字内容和应用服务；类似地，特斯拉通过全球充电网络和电动汽车数据平台，打造了一个完整的电动交通生态系统。这种生态系统的建立，不仅增强了企业的市场竞争力，也对区域经济和产业链产生了深远影响。

（四）数字治理与国际合作的深化

数字经济的发展离不开治理框架的完善和国际合作的深化。随着数据隐私保护、网络安全和跨境数据流动问题的日益突出，各国和国际组织加快了数字治理规则制定的步伐。

1. 全球数据治理框架的建立

数据作为数字经济的核心资源，其治理问题受到广泛关注。例如，欧盟通过《通用数据保护条例》（GDPR）设立了严格的数据隐私保护标准，并试图通过"数据主权"战略在全球数据治理中占据主导地位；美国通过与合作伙伴签订双边或多边数字贸易协定，推动数据自由流动。中国在加强国内数据治理的同时，也通过"数字丝绸之路"加强与共建国家在数据保护方面的合作。

2. 网络安全与国际协作

网络安全问题成为全球数字经济发展的关键议题。例如，国际电信联盟和经济合作与发展组织（OECD）正在推动全球范围内的网络安全标准制定。这种国际协作不仅增强了对网络攻击的防范能力，也为数字经济的稳定发展提供了保障。

3. 跨境数据流动的规则协调

随着跨境数据流动的重要性日益提升，国际社会对数据流动规则的制定达成了一定共识。这种规则协调为企业跨境经营提供了法律保障，同时也促进了区域内数字经济的进一步融合。

全球数字经济战略布局的新动向，既体现了国家间竞争的加剧，也展现了国际合作的深化。未来，随着技术的进一步突破和经济模式的持续演进，全球数字经济的格局将变得更加复杂和多元，各国需要在竞争与合作中找到平衡点，推动数字经济的可持续发展。

二、数字经济为全球经济复苏提供重要支撑

数字经济在全球经济复苏进程中扮演着至关重要的角色，特别是在新冠疫情重创全球经济之后，数字经济的快速发展为各国提供了稳定经济增长、恢复贸易活力以及推动产业升级的重要动力。下面将从促进经济增长、优化资源配置、推动国际贸易转型方面，深入探讨数字经济如何为全球经济复苏提供重要支撑。

（一）数字经济促进经济增长

数字经济通过技术创新和模式变革，为全球经济注入了新活力，并创造了大量就业机会和更高的经济价值。

1．推动数字产业成为增长核心

数字经济催生了一系列新兴产业，如电子商务、云计算、人工智能和金融科技。例如，亚马逊、阿里巴巴等电子商务平台通过提供便捷的在线购物服务，在全球经济低迷时期依然保持强劲的增长力。此外，云计算服务的普及为企业提供了灵活的资源配置方式，使得中小型企业能够以较低的成本参与全球市场竞争。这些数字产业不仅增加了全球经济的附加值，还为各国的经济复苏提供了稳定的增长动力。

2．创造新的就业机会

数字经济的发展催生了大量新兴岗位。从技术开发到数字营销，从数据分析到网络安全管理，这些新领域为劳动者提供了广泛的就业选择。例如，印度的IT外包行业通过为全球企业提供技术支持和数字化解决方案，不仅稳定了本国经济，还创造了数百万就业岗位；在中国，直播电子商务的迅速发展催生了"主播""电子商务运营"等新职业，为许多受到新冠疫情冲击的劳动者提供了就业机会。

3．提升经济效率与竞争力

数字经济通过技术创新提升了经济效率，为全球经济复苏奠定了坚实的基础。例如，人工智能技术的应用使企业能够更精准地预测市场需求，从而调整生产计划并降低库存成本；物流行业通过物联网技术实现了全程追踪和优化调度，

大幅提升了货物运输的效率。这些技术的应用不仅增强了企业的竞争力，也提升了全球经济的整体效率。

（二）数字经济优化资源配置与促进产业升级

数字经济通过数据驱动和平台化模式，优化了全球资源的配置，同时推动了传统产业的数字化转型。

1．通过大数据提升资源利用效率

大数据技术是数字经济优化资源配置的重要手段之一。通过收集和分析实时数据，企业能够更高效地分配生产要素，减少资源浪费。例如，在农业领域，精准农业技术通过传感器采集土壤和天气数据，优化灌溉和施肥方案，从而提升农作物产量并减少资源消耗；在制造业领域，工业互联网平台通过实时监控设备运行状态，优化生产流程，显著提升了生产效率。

2．推动传统产业的数字化升级

数字经济加速了传统产业的数字化转型，为其注入了新的活力。例如，在零售行业，电子商务平台通过在线交易、数字支付和个性化推荐服务，颠覆了传统的购物模式，使企业能够以更低的成本覆盖更多的消费者；在制造业领域，智能工厂通过人工智能和机器人技术实现了生产的自动化和个性化，大幅提升了生产效率并降低了运营成本。这种数字化升级不仅增强了传统产业的竞争力，还推动了全球产业结构的优化。

3．促进区域经济的协同发展

数字经济通过连接性和跨境合作，推动了区域经济的协同发展。例如，东南亚地区通过电子商务和数字支付技术，加强了区域内的经济合作。RCEP 协议的实施进一步推动了区域内的数字贸易规则协调，使区域内的资源配置更加高效。这种区域协同效应不仅提升了区域经济的整体竞争力，也为全球经济复苏提供了重要支撑。

（三）数字经济推动国际贸易转型

数字经济通过技术和模式创新，改变了传统国际贸易的运行方式，为全球贸易复苏提供了强大的推动力。

1. 重塑跨境贸易模式

数字经济推动了跨境电子商务的发展，使中小型企业能够直接参与国际贸易，显著降低了交易成本。例如，阿里巴巴和 eBay 等跨境电子商务平台通过技术赋能，为中小型企业提供了全球销售渠道，同时通过数字支付和物流服务解决了传统贸易中的痛点问题。这种新型贸易模式不仅扩大了国际贸易的参与范围，还提升了交易效率。

2. 促进服务贸易的快速增长

数字经济推动服务贸易从传统模式向数字化模式转型。例如，通过云计算和远程协作技术，软件开发、咨询和教育等服务实现了全球化分发。印度的 IT 外包行业通过数字技术向全球企业提供高效服务，不仅提高了自身经济的国际化水平，还成为全球经济复苏的重要贡献者。

3. 提高贸易流程的透明度与效率

数字技术通过区块链和人工智能等工具，提升了国际贸易的透明度和效率。例如，区块链技术在国际物流中的应用能够实现货物全程追踪，减少了贸易纠纷；人工智能技术通过自动化处理海关申报和税务计算，大幅缩短了跨境贸易的周期。这些技术创新使得国际贸易更加高效和可靠，为全球贸易复苏提供了重要支撑。

综上所述，数字经济已经成为全球经济复苏的重要支撑力量。其通过推动经济增长、优化资源配置、重塑贸易模式以及应对危机挑战，展现出强大的适应性和创新性。未来，随着技术的进一步发展和应用，数字经济在促进全球经济复苏和可持续发展方面的作用将更加突出。各国应抓住数字经济发展的机遇，通过加强国际合作和技术创新，为全球经济的长期稳定发展和繁荣注入更多活力。

三、数字经济重点领域发展方向

数字经济的快速崛起不仅重塑了全球经济格局，也为国际贸易的增长注入了新动力。作为新时代经济发展的重要引擎，数字经济在多个领域展现出巨大的发展潜力与无限可能。

（一）数字基础设施的优化与升级

数字基础设施是数字经济发展的核心支撑，也是国际贸易顺畅运行的技术保障。在全球数字化转型的浪潮中，云计算、大数据、5G 网络等成为推动国际贸易效率提升的关键因素。大数据技术的发展使国际贸易各环节的信息更加透明，云计算则为跨境企业提供了灵活的资源调配能力，5G 网络的高带宽与低延时特性则大幅降低了交易沟通与执行的时间成本。

未来，数字基础设施的建设将朝着更高效、更智能、更绿色的方向发展。例如，低能耗数据中心的研发与应用将为实现全球碳中和目标提供技术支持，而分布式存储技术的普及则可能进一步降低信息存储成本，为中小型企业参与国际贸易提供便利。此外，数字基础设施的全球化布局将成为重点，特别是在发展中国家和新兴经济体，数字鸿沟的缩小将为全球贸易创造新的增长点。

（二）跨境电子商务的深化与扩展

跨境电子商务作为数字经济的典型表现形式，已经成为全球贸易的重要组成部分。随着消费者需求的多元化和跨境物流体系的完善，跨境电子商务市场不断释放增长潜力。从传统的商品零售到文化、教育、娱乐服务的输出，跨境电子商务正在推动国际贸易从"商品流通"向"价值传播"转变。

在未来的发展中，跨境电子商务将重点围绕用户体验优化、生态链完善以及全球化扩展展开。一方面，基于人工智能的精准推荐技术和语音识别技术将进一步提升消费者的购物体验；另一方面，区块链技术的应用有望解决跨境支付、关税结算等关键问题，确保交易安全且合规。此外，数字化营销与品牌建设将成为跨境电子商务竞争的关键因素，特别是在全球消费市场日益趋同的背景下，借助数字工具讲好品牌故事，将直接影响企业的市场地位。

（三）数字金融的创新与应用

数字金融是数字经济发展的核心引擎，为全球贸易的快速运行提供了有力的资金支持。伴随着金融科技的不断进步，跨境支付、贸易融资以及数字货币等领域的变革正深刻影响着国际贸易的生态。

未来，数字金融的发展将围绕两大主题展开：技术驱动与规则规范。在技术层面，区块链和智能合约的应用将简化传统的跨境金融流程，减少中间环节，显著降低交易成本。同时，中央银行数字货币（CBDC）的全球推广有望成为推动数字金融国际化的重要助力。在规则层面，各国政府和国际组织需共同协作，建立统一的数字金融监管框架，以应对洗钱、数据安全等风险。

（四）智能物流体系与供应链管理的变革

智能物流体系与供应链管理的变革是数字经济推动国际贸易效率提升的重要领域。通过物联网、人工智能、区块链等技术的应用，供应链各环节的透明度和协调性显著提高。这不仅优化了资源配置，还大幅降低了供应链风险。

未来，智能物流将更加注重弹性与可持续性。面对突发事件，供应链的灵活调整能力尤为重要。通过人工智能预测与智能调度技术，企业可以更快速地响应市场变化。此外，绿色物流的发展方向将越来越重要，特别是在国际社会共同追求低碳经济的背景下，新能源车队、无人机配送以及智能仓储技术的广泛应用将成为智能物流体系的重要组成部分。

（五）产业数字化与贸易模式的转型

数字经济不仅创造了全新的数字产业，也推动了传统产业的深度数字化转型。从制造业到农业、从零售业到服务业，数字技术正在全面渗透到各行各业，重塑全球产业链与价值链。

在制造业领域，工业互联网和数字孪生技术的应用加速了智能制造的普及，为"按需生产"模式的实现奠定了基础；在农业领域，数字技术正在推动农业生产的智能化与可持续化，精准灌溉、智能农机等应用有效提高了农业生产效率；在零售与服务业领域，虚拟现实（VR）和增强现实（AR）的应用将进一步拉近消费者与商品的距离，为消费者提供全新的消费体验。

（六）国际数字治理与多边合作的强化

数字经济的发展对全球治理体系提出了全新的要求。数据跨境流动的规则制定、数字税的征收标准、数据隐私与安全保护等议题成为全球讨论的焦点。数字经济的全球化特性决定了国际社会必须通过多边合作机制，形成一套统一的数字治理规则。

未来，数字治理的发展方向将聚焦于技术标准的统一与政策法规的协调。如何在促进数据流通与保护国家安全之间找到平衡点，是各国共同面临的挑战。同时，基于多边合作的全球数字税体系的建立，将为数字经济的可持续发展提供重要的财政支持。特别是新兴经济体和发展中国家，其数字经济潜力的释放，离不开国际社会的共同推动。

（七）绿色数字经济的发展机遇

在全球气候变化的压力下，绿色发展成为数字经济的必然选择。绿色技术与数字技术的结合，可以实现经济增长与环境保护的双赢。智能电网、绿色数据中心、区块链追踪碳排放等的应用，正在成为绿色数字经济的重要突破口。

未来，绿色数字经济将进一步推动国际贸易的可持续发展。一方面，低碳产品与技术的国际流通将带动全球产业链的绿色升级；另一方面，数字技术在碳排放数据监测、绿色认证等方面的应用，将为全球气候目标的实现提供强有力的技术支持。

四、数字经济与国际贸易的融合路径

数字经济的迅猛发展正在重塑国际贸易格局。数字经济迅速发展的深远影响体现在交易模式的转变、价值链的重构以及国际贸易规则的演进等方面。数字经济与国际贸易的融合，不仅提升了贸易效率和透明度，也为全球经济一体化提供了技术支撑。下面从交易模式创新、产业链优化、数字贸易规则的制定与协调、技术创新驱动融合的深化这四个角度，系统分析数字经济与国际贸易的融合路径。

（一）交易模式创新

数字经济通过技术赋能和平台化运作，彻底改变了传统国际贸易的交易模式，推动了跨境电子商务和数字服务贸易的快速发展。

1. 跨境电子商务推动贸易去中介化

跨境电子商务平台打破传统了国际贸易中的中介壁垒，搭建了企业和消费者之间连接的桥梁。这种去中介化的交易模式显著降低了交易成本，也提升了市场效率。例如，阿里巴巴的全球速卖通平台通过技术支持和物流整合，帮助中小型企业直接面向全球市场销售产品。亚马逊的全球销售网络不仅为企业提供了便捷的市场准入方式，还通过数据分析为企业制定精准的市场策略提供了支持。这种跨境电子商务模式的兴起，不仅扩大了国际贸易的参与主体范围，还改变了全球市场的竞争格局。

2. 数字服务贸易的蓬勃发展

数字服务贸易是数字经济与国际贸易融合的核心体现之一。通过云计算、大数据和人工智能技术，传统的服务贸易从地域限制中解放出来，进入了全球化、在线化的发展阶段。例如，印度的软件外包行业通过数字技术实现了高效的远程服务，不仅提高了自身的竞争力，还推动了全球服务贸易的快速增长。同时，在线教育、远程医疗等新兴服务的普及，为服务贸易的多样化和创新性提供了广阔的空间。

3. 虚拟商品贸易的兴起

随着数字经济的发展，虚拟商品贸易逐渐成为国际贸易的新领域。例如，数字货币和非同质化通证（NFT）作为虚拟商品的典型代表，在全球范围内的交易规模日益扩大。以比特币为代表的数字货币，不仅改变了传统金融结算方式，还为跨境支付和投资提供了新的解决方案。NFT市场的兴起则为艺术品、游戏资产等虚拟商品的全球流通开辟了新的路径。这种以虚拟商品为核心的贸易形态，反映了数字经济对国际贸易的深远影响。

（二）产业链优化

数字经济通过技术创新和平台化运作，推动了国际贸易价值链的重构，使得全球供应链更加高效和透明。

1．供应链数字化

数字技术的广泛应用提升了供应链的透明度和效率。例如，通过物联网和区块链技术，企业可以实现对货物运输过程的全程追踪，有效解决了传统供应链中的信息不对称问题。供应链数字化不仅减少了中间环节，还提升了全球贸易的响应能力。

2．智能制造推动价值链升级

智能制造技术的普及推动了国际贸易价值链的升级。例如，通过工业互联网平台，企业能够实时监控生产设备状态，优化生产流程并减少资源浪费。智能制造技术的应用使企业能够更灵活地应对国际市场需求的变化，同时提升了全球价值链中的竞争力。中国的"工业互联网+"模式通过整合智能制造和跨境电子商务，为企业提供了从生产到销售的全链条解决方案。这种模式已经成为推动国际贸易融合的重要路径。

3．全球协同生产的新格局

数字经济促进了全球协同生产模式的形成。通过云计算和协作软件，跨国企业能够实时协调不同地区的生产活动。例如，波音公司通过数字化平台协调全球供应商和制造基地，实现了复杂航空产品的全球协同生产。这种全球协同生产模式不仅提升了生产效率，还通过优化资源配置降低了成本，为国际贸易的融合创造了更多可能性。

（三）数字贸易规则的制定与协调

数字经济的快速发展对传统国际贸易规则提出了新的要求。各国和国际组织正在推动数字贸易规则的制定与协调，以适应数字经济与国际贸易融合的需求。

1．跨境数据流动的规则制定

数据作为数字经济的重要生产要素，其跨境流动成为数字贸易规则中的核心议题。例如，欧盟通过《通用数据保护条例》对跨境数据流动设定了严格的法律框架，而美国则推动数据自由流动，以维护跨国企业的竞争优势。与此同时，亚太经济合作组织通过《数据跨境隐私规则》（CBPR）促进了成员国之间的数据流动和隐私保护。这些规则的制定与协调，为跨境数字贸易提供了法律保障，同时也推动了全球数字经济的规范化发展。

2. 电子商务规则的国际化

电子商务的全球化发展对国际贸易规则提出了新的要求。例如，RCEP 中的电子商务章节通过明确数据流动、电子支付和消费者保护等规则，为区域内电子商务的发展提供了制度保障。同样，《数字经济伙伴关系协定》（DEPA）通过制定数据共享和跨境交易的规则，推动了成员国之间的数字经济协作。这些规则的国际化不仅提升了电子商务的效率，还增强了全球贸易的联通性。

3. 知识产权与数字内容的保护

随着数字内容和虚拟商品的交易规模不断扩大，知识产权保护成为数字贸易规则中的重要内容。例如，世界知识产权组织（WIPO）通过数字版权条约，加强了对跨境数字内容的保护。这种国际合作为数字内容的合法交易提供了保障，同时也为数字经济与国际贸易的深度融合奠定了基础。

（四）技术创新驱动融合的深化

数字经济与国际贸易的融合离不开技术创新的驱动。这种驱动不仅体现在交易模式和价值链的优化上，还推动了国际贸易体系的整体变革。

1. 人工智能提升贸易效率

人工智能技术通过自动化和智能化工具，提升了国际贸易的效率。例如，通过人工智能算法，企业能够精准预测市场需求，制定更科学的出口策略。同时，人工智能技术还被广泛应用于物流优化、供应链管理和贸易风险评估中，大幅降低了国际贸易的运营成本。

2. 区块链保障交易透明度

区块链技术的去中心化和防篡改特性为国际贸易提供了更高的透明度和信任度。例如，在跨境支付和物流管理中，区块链技术通过智能合约自动进行交易，减少了中介环节，避免了争议的发生。这种技术创新不仅提升了国际贸易的效率，还为企业间的合作提供了可靠的技术支撑。

3. 物联网实现全链条联动

物联网技术的应用使国际贸易中的各个环节能够实现全链条联动。例如，企业通过物联网设备实时监测货物状态，可以更高效地进行库存管理和运输调度。这种全链条的联动能力提升了国际贸易的协同效率，也增强了供应链的弹性。

数字经济与国际贸易的融合是一个持续深化的动态过程，通过交易模式的创新、产业链的优化以及规则的制定，为全球贸易格局注入了新的活力。随着技术的进一步发展和国际合作的深化，数字经济与国际贸易的融合路径将更加多元和高效，为全球经济的可持续发展提供强大的动力。

五、数字经济下的国际贸易风险与挑战

数字经济的迅猛发展为国际贸易带来了诸多机遇，同时也伴随着一系列风险与挑战。这些风险与挑战主要体现在数据安全与隐私保护、数字贸易壁垒的演变、数字鸿沟的加剧以及国际贸易规则的不确定性等方面。这些风险与挑战不仅对数字经济的健康发展构成了威胁，也对全球贸易体系的稳定性提出了严峻考验。

（一）数据安全与隐私保护风险

数据作为数字经济的核心要素，其安全性和隐私保护问题成为国际贸易的重要挑战。

1. 数据泄露与滥用

数字经济依赖于海量数据的采集、传输和分析，但数据泄露与滥用现象日益严重。例如，大型跨国企业或政府机构的数据泄露事件不仅损害了消费者的权益，还对国际贸易的信任体系造成了冲击。这种风险可能导致跨境数据流动受阻，阻碍全球数字贸易的发展。特别是在金融服务和电子商务领域，数据安全漏

洞可能造成严重的经济损失和声誉危机。

2．跨境数据流动的法律冲突

不同国家和地区对数据隐私保护的法律规定存在显著差异。例如，欧盟的《通用数据保护条例》强调严格的数据隐私保护，而美国则更倾向于数据自由流动。这种法律框架的差异导致跨境数据流动面临监管不确定性的挑战，并增加了企业的合规成本。例如，一家在多个国家运营的跨国电子商务企业需要遵守各国不同的隐私保护规定，这增加了运营的复杂性和成本。

3．网络安全威胁的增加

随着数字经济的发展，网络攻击的威胁日益严重。跨境贸易中，网络攻击可能导致物流系统瘫痪、支付系统中断或供应链数据被篡改。尤其是针对跨国企业的网络勒索和数据劫持事件，不仅对企业运营构成威胁，还可能波及整个贸易链条，进一步加剧国际贸易的不确定性。

（二）数字贸易壁垒的演变

传统贸易壁垒在数字经济时代有新的表现形式，如数据本地化要求和技术壁垒等。这些数字贸易壁垒成为全球贸易增长的重要制约因素。

1．数据本地化政策

一些国家通过实施数据本地化政策，要求企业将数据存储在本地服务器上，这增加了跨国企业的运营成本。例如，印度的《个人数据保护法案》要求跨国企业在印度运营时必须在本地存储用户数据，这不仅限制了数据的自由流动，还可能削弱全球供应链的效率。数据本地化政策的广泛实施可能进一步割裂全球数字贸易市场。

2．技术标准的不一致

数字经济的发展依赖于技术标准的统一，但当前不同国家和地区在技术标准方面存在较大分歧。例如，在5G网络部署方面，美国和中国的技术标准不兼容导致了国际市场的分裂。此外，在人工智能和区块链技术的应用方面，各国的标准和监管要求也存在明显差异。这种不一致性增加了国际贸易的复杂性，并可能对数字经济的全球化进程造成阻碍。

3. 新型数字关税的施加

一些国家正在探索对跨境数字服务征收数字税，例如，欧盟计划对跨国科技巨头的数字广告收入进行征税。这种新型数字关税可能引发国际贸易争端，进一步增加跨境数字贸易的成本。例如，美国对法国的数字税提出抗议，并扬言要实施报复性关税政策，这种税收争端可能影响国际贸易的稳定性。

（三）数字鸿沟的加剧

尽管数字经济在推动全球经济一体化方面发挥了重要作用，但其发展也扩大了国家间和地区间的数字鸿沟。

1. 基础设施差距

数字经济的基础设施包括高速宽带、数据中心和云计算，但许多发展中国家缺乏必要的数字基础设施。例如，在非洲地区，互联网普及率低、带宽成本高等问题严重限制了当地企业参与国际数字贸易。这种基础设施的不足不仅拉大了南北差距，也阻碍了全球经济的协调发展。

2. 技术能力的不均衡

发达国家在人工智能、大数据和物联网等技术领域具有显著优势，而发展中国家的技术能力较为薄弱。这种技术能力的不均衡导致发展中国家在国际贸易中处于不利地位。例如，发达国家的企业能够通过技术创新获得较高的附加值，而发展中国家的企业则难以在全球价值链中获取更多利润。

3. 数字技能的缺乏

数字经济的发展对劳动者的技能提出了更高要求，但许多发展中国家和欠发达地区的劳动者缺乏必要的数字技能。例如，在亚非拉地区，教育体系难以满足数字经济对高技能劳动者的需求，导致这些地区的劳动力无法适应数字经济的快速转型。这种技能缺口不仅限制了劳动力市场的升级，也进一步扩大了全球经济的不平等。

（四）国际贸易规则的不确定性

数字经济的发展超越了现有国际贸易规则的框架，导致全球贸易规则面临更新的需求，但规则的制定与协调过程充满不确定性。

1. 规则制定的滞后性

现有的国际贸易规则主要基于传统商品和服务的流动，而对数据、数字服务等新兴领域的覆盖不足。例如，WTO 的规则尚未完全涵盖跨境数据流动和电子商务交易，这使得企业在跨境数字贸易中面临"法律真空"困境。规则制定的滞后性可能导致国家间的法律冲突和贸易摩擦。

2. 多边机制的协调难题

在数字贸易规则制定过程中，不同国家的利益诉求和价值观差异导致多边合作面临挑战。例如，美国更倾向于推动数据自由流动，而欧盟强调数据隐私保护，中国则注重数据主权和网络安全。这种分歧增加了多边机制协调的难度，也可能导致数字经济发展的碎片化。

3. 地缘政治风险的叠加

地缘政治风险进一步加剧了数字经济下国际贸易规则的不确定性。例如，中美两国在数字技术领域的竞争可能对全球贸易规则的制定产生深远影响。技术封锁、出口管制和市场准入限制等政策的实施，不仅影响了全球供应链的稳定性，也增加了国际贸易规则协调的难度。

（五）应对数字经济下的国际贸易风险与挑战

尽管数字经济面临诸多风险与挑战，但通过国际合作和技术创新，这些问题有望得到缓解。

1. 加强国际规则协调

通过多边合作机制，各国可以在数据流动、隐私保护和技术标准等领域达成共识。例如，建立覆盖全球的数字贸易规则框架，促进跨境数据流动的规范化，同时尊重各国的隐私保护政策和安全需求。这种规则协调有助于减少国际贸易中的法律冲突，提升全球数字经济的联通性。

2．推动技术普惠与技能培训

发达国家可以通过技术转移和资金支持，帮助发展中国家建设数字基础设施，同时提升当地劳动者的数字技能。例如，联合国可以通过"技术普惠计划"支持发展中国家的数字化转型，缩小全球数字鸿沟。这种技能提升和技术共享将增强发展中国家在国际贸易中的竞争力。

3．构建网络安全国际合作机制

面对日益严峻的网络安全威胁，各国需要加强国际合作，共同制定网络安全标准并分享威胁情报。例如，通过国际电信联盟建立全球网络安全合作平台，提升各国应对网络攻击的能力。这种合作机制将增强国际贸易的安全性和可持续性。

通过有效应对上述风险与挑战，数字经济与国际贸易的深度融合将更具韧性，为全球经济的长期繁荣提供强有力的支撑。

第四章

国际贸易数字化

第一节　国际贸易数字化的分类与统计

一、国际贸易数字化的分类

国际贸易数字化并非单一的过程，而是通过多样化的形式在全球经济体系中逐渐渗透和发展。随着信息技术的进步和互联网的普及，全球范围内的商业模式和贸易方式发生了显著变化。数字经济的发展已经催生出多种新的贸易形式，并重构了传统的国际贸易框架。在这一过程中，国际贸易数字化的分类问题逐渐成为学术界和实践领域的重要议题。通过对国际贸易数字化进行分类，可以更加清晰地了解数字经济如何影响国际贸易的不同层面和维度。

（一）跨境电子商务

跨境电子商务是数字化时代最具代表性的国际贸易形式之一。随着互联网技术的普及，传统的进出口贸易模式得到了极大的简化。跨境电子商务作为一个新兴的贸易形式，逐渐成为全球贸易的重要组成部分。在这种模式下，产品和服务不再受到国界的限制，企业能够通过电子商务平台直接与外国消费者进行交易，省去了烦琐的中间环节。

跨境电子商务的基本特征是通过在线平台进行国际商品的买卖，交易涉及的商品类型广泛，包括消费品、工业品、原材料等。消费者通过电子商务平台能够直接从海外购买商品，而这些商品通过物流体系被运送到消费者所在的国家或地区。跨境电子商务的蓬勃发展，不仅改变了传统的进出口贸易方式，也摆脱了国际贸易中对贸易壁垒和中介环节的依赖。

跨境电子商务的数字化特征主要体现在以下几个方面：首先是信息流通的高效性。消费者可以在平台上看到详细的商品信息，包括价格、规格、评价等，而平台系统能够快速匹配合适的买家与卖家。其次是支付的便利化。现代跨境电子商务平台普遍采用电子支付系统，支持多种支付方式，包括信用卡、第三方支付平台、电子钱包等，实现了跨境支付的安全性和便捷性。最后是物流与配送体系的数字化。随着电子商务平台与物流企业的深度合作，跨境电子商务的配送体系更加高效，能够快速响应全球市场的需求变化。

（二）数字产品与服务贸易

数字产品与服务贸易是指通过互联网等数字化渠道进行的商品与服务交易。数字产品通常包括软件、数字内容（如音乐、电影、书籍等）以及数字化的工业设计、技术服务等。数字产品贸易的核心特点是商品不再以物理形态存在，所有交易均通过数字形式传递，消费者通过下载或在线使用的方式获得这些产品。

与传统商品贸易相比，数字产品与服务的跨境交易具有多方面优势。首先，数字产品的交易没有物流成本。全球消费者都可以通过互联网直接购买所需产品。其次，数字产品的供应链更加灵活。生产商可以在全球范围内进行创新和设计，并将产品迅速推向全球市场。最后，数字服务贸易包括知识产权交易、在线教育、云计算服务、电子咨询等新兴领域，涵盖了越来越多的服务业内容。例如，在线教育平台将教育资源带到全球，消费者可以随时随地学习知识，这极大地扩展了全球教育市场的边界。

数字服务贸易的一个典型案例是云计算服务的提供。随着云计算技术的快速发展，越来越多的企业和个人将数据和信息存储在云端，并通过云平台进行计算和处理。这种贸易形式不仅推动了全球技术合作，也改变了传统产业的商业模式和生产方式。

（三）在线平台服务贸易

在线平台服务贸易是指通过在线平台进行的服务类交易。随着互联网平台的发展，越来越多的服务贸易不再依赖于传统的线下模式，而是通过在线平台进行。例如，旅行预订、在线医疗、远程工作、金融服务、在线广告等，都是典型的在线平台服务贸易。在线平台使全球范围内的消费者和供应商能够进行高效对接，服务内容和范围得到了显著拓展。

这种服务贸易模式的数字化特征体现在平台技术的运用上。通过大数据、人工智能、物联网等技术手段，在线平台能够对用户行为进行精准分析，从而为消费者推荐符合其需求的产品或服务。在线平台的数字化服务不仅提高了全球范围内的交易效率，还增强了跨境服务的可达性和灵活性。以在线医疗平台为例，患者可以通过网络远程向全球的医生进行咨询，打破了空间和时间上的限制。

（四）数据与知识产权贸易

在数字经济时代，数据成为一种新的资源，知识产权随着数字化进程不断发展。数据不仅是推动数字贸易发展的核心资源，也是全球信息交换和创新的基础。在国际贸易中，数据的跨境流动和知识产权的保护成为重要议题。

数据贸易涉及大量个人、商业和政府数据。在大数据分析、人工智能应用等领域，数据的跨境流动促使全球市场更加开放与包容。例如，通过数据分析，企业能够深入了解消费者的需求，精准制定营销策略，从而提高产品的市场竞争力。跨境数据流动不仅增强了国际贸易的互动性，也推动了全球创新的进程。

知识产权贸易则涉及全球范围内的专利、商标、版权、商业秘密等内容。随着数字技术的进步，知识产权的保护和贸易逐渐进入数字化阶段，新的保护方式和贸易形式不断涌现。国际社会逐步建立起数字化知识产权的保护机制，确保创新成果能够跨境流动和得到保护。

（五）数字化供应链管理

随着数字化技术的发展，传统的供应链管理方式发生了巨大的变革。数字化供应链管理不仅提升了供应链的透明度、效率和灵活性，还通过信息共享、数据分析、物联网等技术手段，使得全球供应链能够实时响应市场需求的变化。

数字化供应链管理的核心特点包括实时数据共享、精确的预测能力和自动化的操作流程。全球范围内的企业和消费者可以通过智能化平台，实时追踪产品的生产、运输和销售情况，实现供应链的透明化和效率提升。例如，通过物联网技术，商品在运输过程中可以实时监控其位置和状态，企业可以基于这些数据进行更高效的库存管理和需求预测。

（六）数字支付与结算

数字支付与结算是国际贸易数字化过程中不可或缺的部分。在全球范围内，数字支付体系的发展极大地提升了跨境交易的便捷性。电子支付技术不仅简化了交易过程，也提高了跨国支付的安全性和效率。传统支付系统存在许多局限，如结算时间长、手续费用高等问题。随着数字支付技术的发展，这些问题会逐步得到解决。

通过电子支付平台，跨境电子商务、数字服务和产品的交易能够实现即时支付，大大降低了传统支付方式中的延迟时间和成本。同时，区块链技术的应用使数字支付更加安全，跨境支付的风险也得到了有效控制。越来越多的国家和地区开始接受数字货币和加密货币的支付手段，这进一步推动了数字支付和结算的全球化进程。

二、国际贸易数字化的统计

在国际贸易数字化的过程中，科学、全面地统计其发展现状和趋势，成为衡量数字经济对全球贸易影响的重要基础。国际贸易数字化的统计不仅包括对传统贸易形式中数字化部分的量化分析，还涉及对新兴数字贸易形式的全面梳理与分类。构建科学的统计体系，可以更加直观地了解国际贸易数字化的规模、特征和变化趋势，为政府决策、企业战略和国际合作提供数据支持。数字经济使全球贸易发生了结构性变化，而准确的统计数据是理解这种变化的必要手段。

（一）数字贸易统计的意义与面临的挑战

国际贸易数字化统计是分析全球贸易格局变化的重要工具。其不仅能为学术研究和政策制定提供可靠的数据，还能反映国际经济发展的方向。数字贸易的规模和增长速度是研究全球经济发展趋势、预测贸易政策效果以及分析全球化新形态的关键数据。通过对数字贸易进行统计分析，各国政府能够评估其在全球贸易中的竞争力，及时调整经济政策和战略以适应数字经济时代的要求。同时，国际贸易中的数字化部分还会影响全球产业链的重塑，从而形成新的市场和竞争格局。

数字贸易统计面临的挑战主要来源于全球市场的复杂性与数字经济的多维度特点。数字贸易不仅涉及商品和服务的跨境流动，还包括大量无形资产、数据和技术的交换。这使得数字贸易的统计数据不仅涵盖传统的商品进出口，还包括信息流、数据流等非物质的交换形式。此外，数据跨境流动的自由化和全球化趋势使各国政府在统计过程中面临更多难题。各国在数据采集、交易追踪和隐私保护等方面的法律和政策的差异，使得全球范围内的数字贸易统计难度加大。

数字贸易的飞速发展导致了现有统计体系的滞后性。在传统的统计方法中，很多数据采集和处理手段无法应对新兴数字贸易形式的变化，亟须借助新的技术手段进行补充和完善。因此，如何在保障数据隐私和安全的前提下，通过现代技术提升统计的准确性和实时性，是数字贸易统计面临的一大挑战。

（二）统计指标的构建与分类

为实现对国际贸易数字化的全面统计，需要构建一个科学合理的统计指标体系，以涵盖数字贸易的各个层面。这些统计指标通常分为基础指标、结构性指标和动态指标三类，分别用于衡量数字贸易的规模、分布和发展趋势。应用这些指标，政府、企业及研究机构能够全面了解数字贸易的现状，并预测未来可能的变动。

1. 基础指标

基础指标主要反映数字贸易的总体规模和基本特征，包括跨境电子商务交易总额、数字产品出口额、数字服务贸易额等。这些指标可以通过交易平台的公开数据、海关申报记录等方式获取。具体来说，跨境电子商务交易总额作为基础性指标，能够直接反映出全球跨境电子商务的交易规模。这一数据的统计，不仅可以反映全球电子商务贸易的增长态势，还能够对各国的电子商务出口潜力、国际电子商务平台的市场份额等做出合理预测。例如，中国的跨境电子商务进出口额统计可以通过平台交易额和通关数据进行量化，而阿里巴巴等平台的公开数据则能够为这种统计提供可靠的依据。

数字服务贸易额是一项重要的基础指标。在数字化时代，数字服务贸易的比重逐渐增大。数字服务贸易不仅包括互联网技术服务、金融科技服务等，还涵盖了教育、医疗、娱乐等多个领域。对这些服务领域的贸易量进行统计，能够全面反映各国数字服务贸易的竞争力及其在全球贸易中的地位。

2．结构性指标

结构性指标用于分析数字贸易在不同地区、行业和产品类别中的分布情况。这些指标有助于揭示数字贸易在全球不同区域的发展差异以及产业间的分工协作。例如，通过分析不同国家在数字服务贸易中的市场份额，可以了解全球数字经济的发展方向。具体来看，数字贸易的结构性分析不仅要从地域层面进行梳理，还要对行业和产品类别进行细化统计。以数字金融服务为例，欧美地区在金融科技领域的占比显著高于其他地区，因此该领域的相关统计数据能揭示这些区域在全球数字经济中的主导地位。

此外，数字贸易的行业分布也反映了全球经济的重心转移。比如，数字产品在消费品贸易中的比重逐年攀升，而在知识产权交易、数字版权交易等领域，东南亚和非洲等地区的发展非常迅速。这一部分的结构性指标可以帮助政策制定者了解产业链中不同环节的竞争力变化情况，进而制定有针对性的产业政策。

3．动态指标

动态指标用于反映数字贸易的发展趋势和变化速度。数字贸易本身就是一种快速发展的现象，尤其是跨境电子商务和数字服务领域，其年均增长率远高于传统贸易。基于此，动态指标可以用来追踪数字贸易的最新增长点以及挖掘新兴市场的潜力。例如，跨境电子商务的年均增长率、数字支付普及率、电子数据交换平台的活跃度等都能够反映数字贸易在不同时间段的扩展速度。

此外，动态指标对于预测未来的市场走向尤为重要。通过历史数据的分析，动态指标能够揭示全球数字贸易在不同发展阶段的增速变化，帮助政府和企业做出更加精确的战略部署。例如，在某些快速增长的领域（如人工智能服务、云计算服务等领域），动态指标能够为相关企业提供市场预测，帮助它们调整技术研发方向或市场拓展策略。

（三）数据来源与统计方法

为了获取全面和准确的数字贸易数据，通常需要依赖多个数据来源，并采用多种统计方法进行分析。

1. 数据来源

国际贸易数字化统计的主要数据来源包括以下几种。

（1）跨境电子商务平台数据

跨境电子商务平台如阿里巴巴国际站、亚马逊全球开店等，通常公开其年度交易额、用户数量等关键数据。这些数据为跨境电子商务的统计提供了直观参考。例如，阿里巴巴的全球贸易数据显示出中国在跨境电子商务中的强大竞争力，而其他地区的数据则为市场变化提供了更多视角。

（2）政府统计与海关数据

各国政府和海关是数字贸易数据的重要提供方。例如，中国海关定期发布的跨境电子商务进出口额报告、美国商务部的数字服务出口数据，都为国际贸易数字化的统计奠定了数据基础。通过对这些官方数据的分析，可以发现数字贸易政策的影响，识别哪些领域或国家在全球数字贸易中处于领先地位。

（3）国际组织报告

国际组织如联合国、WTO、国际电信联盟等，会定期发布全球数字贸易相关数据与趋势分析报告。这些数据通常覆盖全球，具有较高的权威性和参考价值。国际组织的报告能够为各国政府提供合作框架，推动全球数字贸易规则的统一。

（4）第三方研究机构与企业数据

一些咨询公司和研究机构，如麦肯锡、普华永道等，也定期发布关于数字贸易的行业分析报告。这些报告通常从企业视角切入，为数字贸易的微观研究提供数据支持。例如，麦肯锡公司曾发布过关于全球数字经济影响的详细分析报告，帮助企业识别数字化转型的关键领域。

2．统计方法

数字贸易的统计需要结合传统统计方法与现代技术手段。主要方法有以下几种。

（1）数据采集与整合

通过互联网爬虫技术采集公开的跨境电子商务平台交易数据，并将其与海关数据进行比对整合，以获得更全面的数据视图。这一方法的核心在于精确收集跨境交易中的电子商务数据，并将其与传统贸易数据相结合，避免重复计量，确保数据的准确性。

（2）大数据分析

利用大数据技术对海量交易数据进行挖掘，分析全球数字贸易的热点区域、主要行业和增长趋势。通过大数据分析，研究人员可以识别出数字贸易的新兴市场和快速增长领域，发现潜在的贸易机会。大数据还可以帮助追踪消费者行为并进行分析，预测未来的市场需求变化。

（3）统计模型构建

运用统计学模型对数字贸易数据进行预测与分析。例如，基于时间序列分析模型，可以预测未来几年的数字贸易增长趋势；基于回归分析模型，可以探讨不同国家的政策对数字贸易的影响。通过这些模型，学者和决策者可以准确把握数字贸易的动向，制定有针对性的策略。

（4）网络效应分析

网络效应是数字经济的一个重要特征。特别是在跨境电子商务和数字服务领域，网络效应非常明显。统计模型可以通过分析不同平台之间的用户增长和交易量，进一步揭示数字贸易的市场集中度以及平台之间的竞争态势。例如，研究亚马逊、全球速卖通、eBay 等全球电子商务平台的用户活跃度变化和交易量，能够深入了解平台在全球数字贸易中的主导地位和对市场的影响力。网络效应分析有助于我们更好地理解数字贸易如何通过平台化、数据化等手段，加快市场整合和全球化进程。

（5）消费者行为分析

数字贸易的一个显著特点是其对消费者行为的高度敏感性。在全球范围内，消费者的购买决策不仅受到价格和质量的影响，还受到品牌、平台、社交媒体等多重因素的作用。利用消费者行为分析工具，可以追踪全球消费者的偏好变化、购买路径、价格敏感度等，以帮助分析数字贸易的需求趋势。通过这些数据，企业能够预测新兴市场的潜力，制定符合全球消费者需求的营销策略，进而在国际市场中占据竞争优势。

（6）定性与定量数据结合

除了通过定量数据进行分析，数字贸易的统计还需要结合定性数据进行深度解读。通过对政策文件、贸易协定、行业报告、新闻媒体等内容的分析，可以揭示各国政府在推动数字贸易发展方面的政策导向与实践经验。这种定性分析有助于我们理解数字贸易增长背后的政策推动力、市场驱动力及技术支持，使统计结果更加立体和全面。

总而言之，随着全球数字贸易的不断拓展，准确、高效地进行统计和分析，已成为全球经济研究、政策制定和商业战略中的关键内容。建立完善的统计体系和标准化机制，能够为全球数字贸易的发展提供重要的数据支撑，帮助各国和地区在竞争激烈的全球市场中占据有利位置。未来，随着技术进步和国际合作的加强，数字贸易统计将更加全面、精准，并为全球经济的可持续发展奠定坚实的基础。

第二节　国际贸易数字化的规则与标准

一、国际贸易数字化的规则

随着全球数字经济的快速发展，国际贸易的数字化进程变得愈加复杂。在这一过程中，国际贸易数字化的规则成了各国政府、国际组织以及跨国公司关注的核心问题。有效的数字贸易规则能够保障国际贸易的合法性与合规性，同时促进全球数字贸易环境的健康发展。数字贸易的规则不仅涉及国际市场中的技术标准、数据安全和隐私保护，还包括跨境电子商务的税务处理、数字支付的合法性以及电子合同和认证的有效性等多个方面。本书将从以下几个维度，全面分析国际贸易数字化的规则及其发展趋势。

（一）数字贸易规则的法律框架

国际贸易数字化涉及大量法律问题。传统的贸易规则大多基于实物商品的跨境流动，而数字贸易则突破了物理边界，涉及信息、数据、虚拟产品的流动。因此，现有的国际贸易规则需要根据数字经济的新形势进行适应性调整。全球多个组织，尤其是 WTO 和 OECD，已经开始制定适应数字贸易的新规则。

1. WTO 和数字贸易

WTO 自成立以来，专注于传统货物和服务的贸易规则制定，近年来开始关注数字贸易。2017 年，WTO 通过《电子商务工作计划》，明确指出了为数字贸易发展制定新的国际规则的重要性，特别是在网络安全、跨境数据流动、隐私保护等方面。通过该计划，WTO 希望在全球范围内为数字经济营造一个自由、公正、包容的贸易环境。该计划推动了包括中国、美国、欧盟国家等在内的多国在数字贸易领域的进一步合作，促使相关国家制定了数字服务贸易、电子支付等多个领域的规范。

2. 数字贸易规则中的法律难点

数字贸易的规则制定，面临的最大法律难点之一是跨境数据流动的管理。数据作为数字贸易的重要组成部分，常常跨越多个国家的边界进行流动。在这一过程中，数据的隐私保护和监管成为焦点。不同国家对数据隐私的规定存在差异，这给国际贸易的规范化带来了挑战。例如，欧盟的《通用数据保护条例》对于数据的跨境流动有着严格的限制，而美国的法律相对宽松，这使得不同地区的数据流动存在一定的摩擦。

3．电子合同与电子签名的法律效力

随着国际贸易数字化的加速，电子合同和电子签名成了跨境贸易中不可或缺的工具。然而，国际上对于电子合同的承认和执行存在较大差异。为了确保跨境电子交易的法律效力，需要制定统一的标准和规则。目前，联合国国际贸易法委员会（UNCITRAL）和国际贸易中心（ITC）等机构，已就电子商务法律框架进行了一系列讨论与研究，旨在推动全球范围内电子合同的普遍适用和合法性认可。

（二）数字贸易规则中的技术标准

随着数字经济的广泛应用，国际贸易中的技术标准逐渐成为数字贸易规则的重要组成部分。数字贸易规则中的技术标准涉及跨境电子商务、数字支付系统、物流跟踪等多个领域。无论是在商品交易、支付结算还是跨境物流中，统一的技术标准都是确保交易效率和安全性的基础。

1．跨境电子商务的技术标准

跨境电子商务是数字贸易中最重要的组成部分之一。为了实现全球范围内的数字商品交易，必须确保各国电子商务平台能够互联互通，避免因技术不兼容造成交易障碍。目前，国际上多个组织在制定跨境电子商务的技术标准方面做出了努力。国际电子商务中心（IECC）提出了一系列跨境电子商务交易的技术标准，包括商品描述、运输追踪、支付认证等内容。此外，各大电子商务平台如亚马逊、阿里巴巴等也在逐步推动平台内部的技术标准化，以确保平台的互操作性。

2．数字支付与支付标准

数字支付作为数字贸易中不可或缺的一环，必须符合全球统一的支付标准。目前，国际上已经制定了多项数字支付标准，以支持跨境交易的顺利进行。例如，国际标准化组织（ISO）发布了 ISO 20022 标准，旨在为全球支付系统提供一致的数据交换标准。此外，全球支付网络如 Visa、MasterCard 也在增强跨境支付系统的兼容性，推动国际贸易支付的数字化和无缝对接。

3．物流与运输追踪标准

跨境电子商务的物流环节是数字贸易的重要组成部分。为了实现快速且高

效的物流管理，必须建立统一的物流追踪标准。通过全球统一的物流标准，商家和消费者能够实时跟踪货物的运输状态，保障交易的安全性与透明度。目前，国际标准化组织和国际航空运输协会（IATA）已在这一领域推出了一系列物流管理和追踪标准。此外，物联网技术的应用，使实时监控和数据共享成为可能，进一步推动了数字贸易物流系统的标准化进程。

（三）跨境数据流动与隐私保护的规则

在国际贸易的数字化过程中，跨境数据流动成为一项关键议题。数据流动不仅关系到商品和服务的交易效率，也涉及信息安全和个人隐私的保护。随着越来越多的跨境电子商务平台、数字服务企业等的兴起，如何规范和保护数据流动，成为全球数字贸易规则的核心问题之一。

1. 跨境数据流动的自由与监管

全球各国对跨境数据流动的态度大相径庭。自由流动的数据能够促进跨国企业的数字化发展，减少贸易壁垒，提高贸易效率。然而，一些国家对数据流动实施了严格监管，认为数据主权对国家安全至关重要。为了平衡数字贸易自由化和数据隐私保护的需求，多个国际组织提出了数据流动的全球框架。例如，OECD 提出了《跨境数据流动与隐私保护的合作框架》，旨在推动各国在数据保护和自由流动之间找到平衡点。

2. 数据隐私与保护机制

数据隐私问题也是数字贸易规则中的一个重要议题。许多国家对个人数据的保护有不同的要求，尤其是欧洲地区对数据隐私的保护力度较大。欧盟的《通用数据保护条例》已成为全球数据隐私保护的重要范本。《通用数据保护条例》不仅要求企业必须获得用户明确同意才能收集和使用其数据，还规定了严格的数据安全措施和数据泄露通知机制。随着全球数字贸易的扩展，类似《通用数据保护条例》的隐私保护措施逐渐成为全球数字贸易规则的重要组成部分。

3. 跨境数据的合规性与政策支持

为确保数字贸易的安全和合规，跨境数据流动的合规性和政策支持需要得到加强。各国政府应加强在数据安全、网络防护和个人隐私保护方面的国际合作。此外，各国也应加强对国内企业的指导，确保其在开展跨境数字贸易时符合国际规则，避免因违规行为导致跨境数据流动受限。

（四）数字贸易规则的国际协调与合作

随着全球数字经济的迅速发展，数字贸易规则的制定不再是单一国家的任务，而是全球各国合作的结果。为了推动全球数字贸易的顺利发展，国际的协调与合作显得尤为重要。

1. 多边组织的协调作用

在全球范围内，WTO、OECD、国际电子商务中心等多边组织在数字贸易规则的制定和推动方面发挥着重要作用。这些组织通过召开国际会议、发布白皮书等方式，推动全球范围内的规则协调。例如，WTO 的《电子商务工作计划》就为各国提供了共同制定数字贸易规则的框架，促进了国际合作与协调。

2. 区域合作与规则对接

除了多边组织的全球协调外，区域性合作也是推动数字贸易规则制定的重要途径。例如，欧盟在数字贸易方面的规范性措施对全球产生了深远的影响。亚太经济合作组织和东南亚国家联盟（ASEAN）等地区性组织也在推动本区域内的数字贸易规则制定和对接。通过区域合作，各国能够在不同区域内加强规则对接，避免全球范围内的规则冲突。

3. 企业与政府间的协作

在数字贸易规则的制定过程中，企业和政府之间的协作至关重要。企业是数字贸易规则的实际执行者，政府则负责规则的制定与监管。企业与政府之间密切合作，可以确保规则既具有实操性，又能兼顾公平性和市场竞争力。

国际贸易的数字化规则的制定和标准化正在全球范围内加速推进。数字贸易作为全球经济的重要组成部分，正面临着前所未有的发展机遇和挑战。制定和完善数字贸易的国际规则，能够推动全球贸易环境的优化，确保数字经济能够在健康、公平的环境中发展。未来，随着国际合作的深化和技术创新的推动，数字贸易规则将更加完善，全球数字经济的繁荣也将进一步加速。

二、国际贸易数字化的标准

在数字化时代，国际贸易标准化进程的受重视程度越来越高。国际贸易的标准化不仅可以提升跨境交易的效率，还能降低由于不同国家或地区规则差异所带来的成本与风险。国际贸易数字化的标准，是确保全球贸易平台高效、安全、有序运行的基础。这一过程涉及多个领域，包括数据交换标准、支付标准、物流追踪标准、电子商务标准等。标准的设立不仅依赖于政府与国际组织的合作，还需要企业、科研机构等多方力量的共同推动。

（一）数字贸易的统一数据交换标准

在数字化的国际贸易中，数据流动和信息交换是核心环节。为了确保跨境电子商务交易的顺利进行，全球范围内逐步推动建立统一的数据交换标准。这些标准涉及多个层面，包括商品信息、支付信息、运输信息等范畴的标准化，旨在通过减少信息传递中的误差和偏差，提高国际贸易的效率与透明度。

1．ISO 20022 标准与跨境支付

支付系统是数字贸易中的关键部分，跨境支付尤其重要。传统的跨境支付多依赖于银行系统，流程烦琐且耗时较长。随着全球数字经济的快速发展，跨境支付的需求逐渐增加，因此需要统一的支付标准。ISO 20022 作为全球金融行业的标准协议，已经成为跨境支付领域的重要工具。该标准能够为支付机构、金融机构提供一种统一的通信协议，确保数据在全球范围内的标准化交换。

ISO 20022 标准的核心优势在于它能够提供更多的支付信息，包括资金来源、资金用途、汇款人、收款人等详细信息。这一标准通过提高支付信息的透明度，不仅提高了跨境支付的效率，也降低了交易错误的发生率。此外，ISO 20022 的应用使金融机构和支付平台之间的数据交换变得更加高效、准确，进一步推动了全球数字贸易支付的无缝对接。

2．国际物品编码协会（GSI）全球商品编码标准

商品信息的标准化也是国际贸易数字化的重要组成部分。GS1 作为全球领先的商品编码组织，提出了全球统一的商品编码标准。通过这一标准，不同国家

和地区的供应链参与方能够共享商品信息，从而提高商品在全球范围内的流通效率。GSI 标准不仅应用于零售和电子商务领域，也逐步扩展至跨境电子商务、供应链管理等多个方面。

GSI 全球商品编码标准的应用不仅使商品的标识变得更加标准，还能够通过数字化手段加强商品追溯、物流管理和库存控制。跨境电子商务平台和零售商可以借助这一标准实现全球范围内商品的快速流通，减少货物误送、货品滞留等问题，确保供应链的高效运作。

（二）数字贸易中的物流追踪与标准化

物流追踪是跨境电子商务和国际贸易中至关重要的一环。随着全球电子商务的兴起，物流运输中的透明度和时效性要求越来越高，如何实现实时追踪、提高物流效率成为全球贸易的重要挑战。为了应对这一挑战，数字化物流标准逐渐在国际贸易中得到广泛应用。

1. 物联网与物流标准化

物联网技术在数字贸易物流中的应用，极大提升了物流追踪的精度和效率。通过在货物运输过程中嵌入智能传感器，能够实时收集货物状态、位置等信息，并通过互联网进行远程监控。这一技术的应用使国际贸易中的物流环节更加智能，为全球电子商务和贸易平台提供了强有力的物流支持。

为了确保物联网技术的高效应用，各国和国际组织逐步推出了一系列物流追踪标准。例如，国际标准化组织发布的 ISO 9001 质量管理体系标准，明确规定了物流企业在全球运营中必须遵守的物流追踪要求。此外，国际航运协会和国际贸易组织等也在推进物流标准的国际统一，以保障跨境物流的顺畅运行。

2. 区块链技术与供应链透明化

区块链技术的应用使得供应链管理更加透明，尤其是在跨境电子商务和国际贸易中，供应链的透明化已成为确保交易安全的关键。通过区块链技术，可以在不依赖中心化数据库的情况下记录每一笔交易的详细信息，所有参与方都可以对信息进行查验。

在国际贸易中，区块链技术的运用不仅可以追踪商品的流通路径，还能确保货物的真实性与质量。通过智能合约，区块链能够自动触发支付、清关等程序，从而大大提高了交易效率，减少了人为干预。国际物流公司和跨境电子商务平台正在加速区块链技术的落地应用，推动全球供应链的数字化转型。

（三）跨境电子商务的国际标准与监管框架

跨境电子商务作为数字贸易的重要形式，其标准化和监管问题始终是国际社会关注的重点。随着跨境电子商务的迅猛发展，相关的国际标准和监管框架逐步建立。为了确保交易的公平性和透明度，各国政府和国际组织通过合作，逐步建立跨境电子商务的标准化框架，以应对数字贸易中的各类风险和挑战。

1. 全球跨境电子商务标准化框架

全球跨境电子商务标准化框架主要包括电子商务平台的运营规则、商品交易规范、支付安全要求、消费者权益保护等方面。国际电子商务中心通过发布跨境电子商务标准化框架，推动全球电子商务平台遵循统一的规则进行运营。这些标准不仅关注商品的描述、定价、运输等基础要素，还涵盖了退货、争议解决、消费者隐私保护等消费者权益保障问题。

2. 电子支付标准与监管

跨境电子商务的支付是交易过程中重要的一环。为了确保全球支付体系的安全性与高效性，国际支付标准的建立至关重要。目前，国际金融领域的电子支付标准主要由 ISO、环球银行金融电信协会（SWIFT）等组织制定。ISO 20022 标准的推广，使跨境支付变得更加规范化与统一，同时也加强了各国金融机构和支付平台的合作。通过这一标准，跨境电子商务的支付流程更加顺畅，资金清算效率得到了显著提升。

3. 消费者权益保护与跨境电子商务监管

跨境电子商务的快速发展，也为监管和消费者权益保护带来了挑战。为此，多个国际组织提出了跨境电子商务的消费者保护标准。例如，联合国贸易和发展会议（UNCTAD）提出的《电子商务消费者保护框架》，旨在通过一系列法律措施和规则，保障消费者在跨境电子商务中的基本权益。通过这一框架，消费者能够在购物过程中获取透明的商品信息、知晓明确的支付条款以及获得有效的售后保障，从而提高其信任度和参与度。

数字化时代，国际贸易的标准化建设已经成为全球经济合作的重要议题。从支付标准、商品编码到跨境电子商务的运营规范，国际贸易的标准化不仅能够促进全球贸易的健康发展，还能为数字经济注入更多活力。随着全球范围内相关标准的不断完善，数字贸易将为各国企业提供更多机会，也为全球经济复苏与增长注入源源不断的动力。

第三节　国际贸易数字化的生态链

一、传统国际贸易生态链

国际贸易生态链是指在全球范围内，由涉及商品或服务流通的各个环节构成的体系。传统国际贸易生态链经历了数百年的发展，已经形成了相对完善的模式和结构。从最初的商品交换到现代化的全球供应链管理，国际贸易生态链涉及多个参与方和复杂的运作机制。在这一体系中，商品的生产、运输、支付、清关、销售等多个环节是由不同的参与主体共同完成的。随着全球化的推进和技术手段的不断升级，国际贸易生态链逐步形成了如今多层次、多维度的复杂体系。

（一）传统国际贸易生态链的参与方

传统国际贸易生态链中，主要参与者包括生产商、供应商、批发商、分销商、零售商、运输商、物流公司、金融机构以及消费者等。每个参与者在交易过程中都扮演着至关重要的角色，共同推动了全球商品和服务的流通。

1. 生产商与供应商

生产商通常是国际贸易生态链的起点，负责原材料或商品的生产。他们根据市场需求，组织生产、加工并提供产品。供应商与生产商密切合作，核心职责是确保原材料的供应，保障生产活动的顺利进行。生产商与供应商之间通常存在长期的合作关系。这种关系不仅包括原材料采购，还涉及技术支持、质量控制等方面。

在传统国际贸易中，生产商通常依据国内或国际市场的需求，进行订单式生产或批量生产。生产商所处的地理位置通常决定了其产品在全球市场中的竞争力。例如，某些国家或地区在特定产品的生产上具备技术优势或成本优势，从而成为全球供应链中不可或缺的生产基地。

2. 批发商与分销商

批发商在传统国际贸易生态链中起到了桥梁的作用。它们从生产商处购买大量商品，并通过批发渠道将商品分销到不同的零售商或其他大宗采购商。批发商通常会在国际市场中寻找具有竞争力的商品，并将其推广到不同的地区和市场。

分销商通常扮演着区域市场开拓者的角色。它们负责将生产商的产品引入特定的市场，并承担库存管理、渠道建设等职责。批发商与分销商之间的合作关系为国际贸易提供了稳定的商品流通渠道。

3. 物流公司与运输商

物流公司与运输商在传统的国际贸易中至关重要。它们负责商品从生产商到消费者之间的运输工作，包括海运、空运、陆运等多种运输方式。物流公司通常承担货物的仓储、配送、运输等职能，而运输商则负责实际的运输过程。在跨境交易中，运输商不仅需要面对多种运输方式的选择，还需要办理各种复杂的关税、检验等手续。

传统的国际贸易大多依赖海运和空运等运输模式。国际物流往往依赖中介公司来协调运输过程中的多个环节，包括货物包装、清关、货物转运等。因此，运输商和物流公司的合作至关重要。运输的时效性和成本直接影响到全球商品的流通效率和价格竞争力。

4. 金融机构与支付系统

在传统的国际贸易生态链中，金融机构的作用不可忽视。由于跨境交易涉及多个国家和地区，货币的兑换、资金的清算与结算、金融风险的控制等问题都需要金融机构来处理。国际银行通过提供贸易融资、信用证、汇款等多种服务，为全球贸易提供资金支持。

支付系统在传统国际贸易中发挥着至关重要的作用。由于交易双方往往处于不同的国家和地区，跨境支付和结算通常涉及银行、汇款公司、支付平台等多方的合作。金融机构通过提供多样化的支付工具，如电汇、信用证、国际支付平台等，保障了国际贸易的顺利进行。

5.消费者和最终市场

消费者是国际贸易生态链中的最终环节。随着全球化和贸易自由化的发展，越来越多的消费者能够通过全球电子商务平台购买到来自世界各地的商品。消费者在传统国际贸易中通常处于地理空间上的末端位置，需要通过零售商或分销商获取商品。

消费者需求的变化往往直接影响全球商品的生产和流通。在现代国际贸易体系中，消费者不仅仅是商品的接受者，还通过购买行为影响供应链的运行和调整。尤其是在信息化时代，消费者通过社交媒体、电子商务平台等渠道，能够直接影响全球市场的供需关系。

（二）传统国际贸易的运作模式

在传统的国际贸易体系中，商品从生产到最终销售的全过程通常需要多个环节的合作与调度。每个环节之间通常没有实时的协作，信息的传递大多依赖于纸质文件和人工操作。这种模式虽然经过了长期的演化和完善，但由于其运作的复杂性和多样性，仍然存在不少问题。

1.供应链管理的传统模式

传统的供应链管理是以线性模式为主的，即从生产商到批发商再到零售商，最终到达消费者。这种模式的缺点是，信息往往在多个环节之间传递，导致了生产、运输和销售等环节的信息延迟与信息误差。在传统供应链管理中，数据的收集和传递往往依赖人工操作或手动记录，这容易导致信息的丢失或错误。

2.货物运输的传统方式

传统国际贸易中的货物运输大多依赖海运、空运等运输方式。虽然这些运输方式在全球物流体系中占有重要地位，但它们也存在不少局限性。例如，海运的运输周期较长，运输途中可能面临天气、政治、法律等风险；空运虽然快捷，但成本较高，且对于大宗商品的运输并不适用。此外，跨境运输中常常涉及多方运输公司合作，信息不对称和沟通不畅是常见的问题。

3．支付结算的传统方式

在传统国际贸易中，支付结算主要依赖于银行之间的电汇、信用证等方式。这些方式往往具有较高的成本和复杂的程序，且支付的周期较长。国际贸易中的支付系统缺乏透明度，且由于涉及不同国家和地区的金融监管，跨境支付的合规性和风险管理成了不可忽视的难题。

4．关税与清关手续

关税与清关手续在传统国际贸易中扮演着至关重要的角色。由于每个国家和地区的贸易政策不同，商品进口时往往需要经历复杂的清关流程。这些环节中涉及的文书工作、海关检查、关税计算等操作，往往需要耗费大量时间和人力成本，且存在一定的操作不规范的风险。

（三）传统国际贸易生态链的局限性

尽管传统国际贸易生态链已经形成了相对完善的体系，但随着全球化与数字化的推进，传统体系也暴露出一些局限性。这些局限性不仅制约了全球贸易的进一步发展，也增加了各方在国际贸易中的成本和风险。

1．信息不对称与效率低下

在传统国际贸易中，信息传递的时效性和准确性常常受到限制。由于各国之间在语言、文化、政策等方面存在差异，商品信息的传递容易出现偏差，导致采购方和供应方之间的合作出现问题。这种信息不对称的局面，直接影响了全球贸易的效率和透明度。

2．高昂的交易成本与复杂的操作

传统国际贸易生态链中的每个环节都存在较高的成本。无论是生产商、批发商，还是物流公司、支付机构，都需要支付额外的费用。与此相关的法律、税收、运输、关税等方面的复杂操作，导致了国际贸易成本的上升，削弱了全球市场的竞争力。

3. 跨境监管的复杂性

传统国际贸易往往需要跨越多个国家和地区。不同国家的法律法规、税收政策、进出口规定等都存在差异，使跨境贸易的合规性变得非常复杂。对于企业来说，必须在不同的法律环境中进行合规操作，这不仅增加了企业的风险，也使全球贸易的规则更加复杂和不透明。

传统国际贸易经过数百年的发展，已经形成了相对完善的生态链。然而，随着全球化的推进和数字技术的崛起，这一生态链面临着越来越多的挑战。如何在新的数字化背景下优化和重构这一生态链，成了全球贸易发展的关键课题。

二、数字贸易对传统国际贸易生态链的冲击

随着数字技术的迅猛发展，尤其是互联网、大数据、云计算、人工智能等数字技术的广泛应用，数字贸易逐渐成为全球贸易的重要组成部分。数字贸易不仅带来了全球商品流通方式的巨大变革，更对传统国际贸易生态链产生了深远的影响。传统国际贸易生态链由多个环节、多个主体和复杂的操作流程构成，而数字贸易通过信息技术的加持，推动了全球交易模式的转型，使这些环节和操作流程发生了显著的变化。数字贸易对传统国际贸易生态链的冲击主要表现在信息流、货物流、支付流、法律与监管、人才与技术等多个方面。

（一）信息流的转变：从传统的纸质文件到数字化平台

在传统国际贸易中，信息的流通主要依赖于纸质文档和人工传递。这些信息往往通过传真、邮件、电话等传统通信手段在买卖双方之间传递。尤其是在报关、清关和支付等环节，贸易双方需要交换大量纸质文件，且这些文件容易出现遗漏、错误或延误等问题。这种传统的信息流传递模式不仅烦琐，而且效率低下，常常影响到交易的顺利进行。

而数字贸易的兴起则彻底改变了信息流的传递方式。通过互联网平台，国际贸易中的各类信息可以迅速、准确地传递至全球的各个角落。无论是交易合同、发票、运输单据，还是支付凭证，都可以通过数字化手段直接在线传输和存储，大大提高了信息流的效率与透明度。数字化平台不仅优化了信息的交换

方式，还加强了贸易各方之间的信息共享与协作，使得交易更加实时、透明和便捷。

同时，信息流的数字化还大大降低了信息传递的成本。传统的跨境信息传递需要依赖国际物流、邮政服务等中介，而这些中介往往需要高昂的成本，且信息传递周期较长。通过数字平台，信息可以在短时间内从一方流向另一方，几乎没有任何时效上的限制，降低了跨境交易的时间成本和信息获取的难度。

（二）货物流的效率提升：从传统物流到智能化物流

传统国际贸易中的货物流通常依赖海运、空运和陆运等运输方式。这些运输方式虽然在全球贸易中占据主导地位，但仍然存在许多问题，特别是运输周期长、成本高、运输安全性难以保障等问题。例如，海运虽然在大宗商品运输中占有优势，但其运输周期长，往往需要几周甚至几个月的时间，且在途中容易受到气候、政治局势等外部因素的影响，造成延误或中断。空运虽然快捷，但由于运输成本较高，并不适用于大宗商品的运输。

数字化技术的发展，尤其是物联网、无人驾驶、智能物流等技术的应用，极大地提升了货物流的效率和精准度。通过智能物流系统，货物的运输路径、运输时间、运输状态等信息可以被实时跟踪，并通过自动化系统进行管理和调度。运输过程中的所有数据都可以以数字形式记录，并通过大数据分析优化运输路线，减少不必要的等待和中转环节。无人驾驶卡车和自动化仓库的出现，意味着货物运输的速度和效率进一步提升，进而影响传统的物流模式。

更重要的是，数字贸易不仅仅涉及物理商品的流通，还推动了服务贸易和虚拟产品的贸易发展。通过数字平台，全球的消费者可以在线购买各类服务和数字化产品，如软件、电子书、在线教育等。这种虚拟商品的贸易大幅缩短了交易的时间，减少了跨境物流的需求，从而打破了传统物流在全球商品流通中的局限性。

（三）支付流的变化：从传统结算方式到数字货币与区块链

在传统国际贸易中，支付和结算通常采用银行转账、电汇、信用证等方式。

这些支付方式存在一定的局限性，尤其是在跨境交易中，存在着支付时间长、汇率波动大、交易费用高等问题。跨境支付往往需要通过中介银行进行清算，这不仅增加了交易成本，而且可能由于中介银行的参与，导致支付环节存在延迟或错误的风险。

数字贸易的出现改变了这一局面，尤其是区块链和数字货币的应用，显著提升了支付流的效率和安全性。区块链技术可以构建去中心化的支付清算系统，使得跨境支付更加直接、高效。区块链技术通过加密算法和智能合约，实现了资金的即时清算，减少了传统银行系统中不可避免的延误和费用。由于区块链具有去中心化特性，国际贸易中的资金流动不再依赖于传统金融机构，降低了跨境支付的复杂性，并提高了交易的透明度和安全性。

与此同时，数字货币的出现为跨境支付提供了更多选择。随着比特币、以太坊等数字货币的发展，部分国际贸易已经开始采用数字货币进行结算。这一转变使得跨境支付不仅更为便捷，还能有效规避传统支付体系中的汇率波动和高额手续费问题。数字货币的跨境支付体系正在逐步完善，预计未来将为国际贸易提供更高效、灵活的支付解决方案。

（四）法律与监管的挑战：从传统监管到数字化监管

在传统国际贸易中，法律和监管框架主要由各国政府根据其自身的法律体系制定，跨境贸易的监管通常依赖于关税、贸易协议和国家间的法律协调。传统贸易规则、关税政策、进口限制等，通常通过海关和相关监管部门来执行。虽然这种传统的监管体系在过去几百年间逐渐完善，但随着数字贸易的兴起，传统的监管方式显现出许多无法适应的情况。

数字贸易的特殊性要求在法律与监管方面进行大幅度的调整。首先，数字贸易的产品和服务往往没有物理形态，如何界定这些虚拟商品的所有权、知识产权，规范其跨境流动，成了数字化时代亟待解决的法律难题。比如，在电子商务中，某些商品和服务可能同时涉及多个国家的知识产权保护问题，如何协调各国的法律体系，保障交易的合法性和合规性，是数字贸易面临的重要挑战。其次，数字贸易的快速发展往往伴随着不规范和非法交易。例如，虚拟商品的盗版、数据隐私的泄露、跨境数据流动中的安全隐患等，都是传统法律体系未能完全覆盖的领域。全球贸易的数字化必然要求各国政府和国际组织在政策层面加强合作，制定统一的数字贸易法律框架，解决跨境数据流动、隐私保护、电子合同等方面的问题。

为了适应这种变化，各国监管机构和国际组织正在加速制定数字贸易相关的规则和标准。例如，WTO 等国际机构正在推动全球数字贸易规则框架的建设，力图在跨境电子商务、数字支付、数据流动等领域制定统一的法律标准。

（五）人才与技术的重构：从传统技能型人才到数字化人才的培养

传统国际贸易的生态链中，技术依赖较少，更多地用到市场、管理和物流等方面的专业知识。而随着数字贸易的兴起，国际贸易的技术要求迅速增加，尤其是信息技术、大数据分析、区块链、人工智能等领域，对从业人员的技术能力提出了更高的要求。

为了适应数字化转型，国际贸易各环节的参与方需要具备更多数字化技能和更丰富的技术储备。物流公司、支付平台、供应链管理公司等都需要培养专业的数字化人才，来应对新技术在实际操作中的应用。同时，企业也需要通过大数据和人工智能等技术，进行市场分析、客户需求预测、供应链优化等。这种人才与技术的重构，正在重塑传统贸易生态链的各个环节，推动国际贸易的转型升级。

随着数字技术的不断发展，数字贸易对传统国际贸易生态链的冲击不可避免。信息流、货物流、支付流、法律与监管、人才与技术等各个方面都在发生深刻变化，这不仅使得全球贸易更加高效、透明和便捷，也带来了新的挑战和复杂问题。如何在数字化背景下保持国际贸易的顺畅运行，如何借助新技术推动全球贸易规则的完善，成了全球贸易发展中亟待解决的重要课题。

三、国际贸易数字化的基础生态链

随着全球数字化浪潮的推进，国际贸易的数字化转型已经成为全球经济发展的新趋势。数字技术的应用不仅革新了传统国际贸易的操作方式，还在整个国际贸易生态链中构建了新的基础设施和运作模式。数字化的基础生态链主要由信息技术、数字平台、数字支付、数据共享与管理、技术标准、政策法规等要素构成。这些要素是国际贸易数字化运作的基石。

（一）信息技术的基础作用：构建数字贸易的技术框架

信息技术是数字贸易生态链的核心支撑。它不仅推动了全球信息流的高速传输，也为数字化国际贸易的实现提供了技术保障。在数字化时代，国际贸易不再依赖传统的运输、仓储、付款等线下环节，信息技术的应用已经渗透到整个贸易链条的各个方面。信息技术的应用使从商品流通、支付结算，到贸易数据分析、智能物流等环节的运作，变得更加高效、精准和透明。

互联网和云计算技术的进步为全球贸易中的信息交换提供了前所未有的便利。全球商贸活动可以通过网络平台快速进行，跨境电子商务使商家和消费者能够在全球范围内进行直接交易，不再受限于中介环节。云计算则为跨国公司提供了强大的数据存储和计算能力，能够应对复杂的全球供应链管理和数据分析需求。与此同时，人工智能、物联网和大数据等技术的兴起，也促进了国际贸易中物流管理、精准营销和智能决策的数字化应用。

信息技术不仅仅支撑数字平台的搭建，还为传统国际贸易中的关键环节注入了创新的技术驱动力。例如，数字化支付系统的兴起解决了跨境支付效率低下和成本过高的问题；人工智能的应用帮助企业在海量数据中挖掘出有价值的商业洞察，以便优化决策；大数据则使得企业能够实时追踪和预测市场需求、供应链状况等关键信息，进一步推动数字贸易的全球化进程。

（二）数字平台的建设：贸易环节的线上化与去中心化

数字平台的建设是数字贸易基础生态链中不可或缺的一环。随着电子商务平台、B2B 交易平台、数字支付平台等的不断发展，国际贸易的运作方式发生了根本性变化。传统国际贸易的运作通常依赖于中介机构和线下交易，贸易双方需要通过代理商、分销商、物流公司等中介完成跨境交易。而数字平台则使这些环节得以"去中介化"，使贸易的直接性和透明度大大提高。

数字平台的作用不仅体现在促进买卖双方直接对接和进行交易，还体现在它们通过信息化手段整合了各方资源，实现了从产品展示、订单管理、支付结算到售后服务的全流程数字化。例如，跨境电子商务平台如阿里巴巴、亚马逊、eBay 等已经成为全球贸易中不可忽视的力量，这些平台通过数字化的工具和系统，使全球中小型企业能够低成本地进入国际市场，进行跨境贸易。

此外，数字平台还通过去中心化和分布式技术打破了传统国际贸易中地理与时间的限制，使商家和消费者不再受制于传统的市场和地理边界，能够随时随地进行交易。大数据和人工智能的运用，使数字平台能够精准推荐产品和服务，进一步提高了交易的效率和效果。智能合约、区块链技术的应用，也确保了交易的透明度和安全性，为国际贸易中信任的建立奠定了新的技术基础。

（三）数字支付系统的创新：跨境交易的便捷化与安全性增强

支付是国际贸易中的核心环节之一。传统的支付方式不仅存在效率低下、成本过高、跨境支付复杂等问题，而且在跨境支付过程中往往涉及多方中介，如银行、支付机构等，导致交易成本居高不下。随着区块链支付系统的应用、数字货币的兴起，数字支付系统为国际贸易提供了更高效、更便捷的支付解决方案。

区块链技术的应用使数字支付的安全性和透明度得到了大幅提升。通过区块链技术，所有的交易数据都能够被加密并永久存储在分布式账本中，这大大降低了跨境支付中的欺诈风险和操作错误的概率。相比传统支付方式，区块链支付系统不仅减少了中介环节，降低了支付手续费，还能够实现交易的实时结算，从而提升了支付的效率。

数字货币的兴起为国际支付提供了新的选择。比特币、以太坊等数字货币已经在部分国际贸易中得到广泛应用。尤其是在一些对传统支付系统不信任或支付条件受限的国家和地区，数字货币是一种低成本、高效率的支付手段。通过数字货币，企业和消费者可以在全球范围内进行即时、低成本的支付交易，而无须依赖传统银行系统。

数字支付的普及不仅改善了国际贸易的支付环境，还推动了电子商务和跨境电子商务的快速发展。数字支付系统的便捷性和低成本使全球商家和消费者能够更轻松地参与国际贸易，促进了全球贸易的数字化转型。

（四）数据共享与管理的关键作用：提升决策能力与市场反应速度

在数字化背景下，数据已成为全球贸易中的关键资产。企业和消费者、供应链上下游之间的数据共享与管理，对于提高交易效率、降低风险、提升市场反应速度具有至关重要的作用。国际贸易中的数据共享与管理不仅仅包括商品、订单、支付等信息的传递，还包括市场趋势、消费者行为、供应链状态等大数据的分析与应用。

随着大数据、云计算等技术的发展，企业可以通过数据分析系统实时获取市场动态、预测市场需求，并根据数据结果做出更加精准的决策。数字贸易不仅使全球市场的信息更加透明，也大幅提升了企业的竞争力。通过数据分析，企业能够及时了解客户需求、产品偏好、供应链状况等关键信息，优化生产计划和市场策略，从而更好地适应全球市场的变化。

与此同时，数据共享与管理也在全球供应链中发挥着重要作用。通过数字化平台，企业能够实现供应链各环节的实时监控和信息共享，从而减少库存积压和物流延误，提升整体供应链的效率。更为重要的是，数据的共享和集成能够帮助企业更快地响应市场变化，降低跨境贸易中的不确定性，提升国际贸易的灵活性和适应性。

（五）技术标准的统一与互通：全球贸易的互联互通

在国际贸易的数字化转型过程中，技术标准的统一与互通起着至关重要的作用。全球不同国家和地区在数字技术应用、支付系统、数据保护等方面的标准差异，往往成为国际贸易中技术壁垒的来源。为了实现全球贸易的数字化互联互通，国际社会亟须统一技术标准，推动跨国、跨地区的标准对接与互认。

例如，在电子支付方面，不同国家的支付系统和标准存在一定差异，导致跨境支付过程中经常出现技术兼容性问题。制定统一的支付标准，可以使跨国支付更加顺畅，减少支付环节中的摩擦与不确定性。在数据保护方面，随着数字贸易的快速发展，如何保护用户的个人隐私和数据安全成为全球面临的重要问题。国际数据保护标准的统一，不仅能够有效提升跨境数据流动的安全性，还能够增强消费者对数字贸易平台的信任。

技术标准的统一和互通为国际贸易的数字化提供了重要保障。全球范围内的标准化进程促进了技术的共享与协作，推动了全球市场的整合，使各国之间的数字经济能够实现更加顺畅的互动与合作。

（六）政策法规的完善与创新：数字贸易的法律保障

在全球范围内，政策法规在促进数字贸易发展、保障交易公平与安全方面发挥着至关重要的作用。由于数字贸易的特殊性，传统的国际贸易法规面临许多挑战。例如，数字商品的知识产权保护、跨境数据流动的安全、电子合同的合法性等问题，都需要各国政府通过政策法规来进行有效规范并保障其安全。

随着全球数字贸易的发展，越来越多的国家和国际组织开始关注和制定有关数字贸易的法律框架。WTO 等国际机构积极推动全球数字贸易规则的制定，旨在通过国际合作和政策协调，为数字贸易营造更加稳定和安全的法律环境。各国政府也在加快制定与数字经济相关的法律和政策，以确保数字贸易在全球范围内的合法性、透明度和公平性。

在这一过程中，国际贸易的数字化法律体系不仅要应对技术层面的挑战，还要与现有的国际贸易体系进行有效融合。如何在尊重各国主权的前提下推动全球数字贸易规则的统一，成为全球贸易发展的一个重要议题。

第五章

国际贸易的数字化转型

第一节　国际贸易的数字化转型要素

一、数据：数字化转型的核心驱动力

在数字化时代，数据已经成为全球贸易系统中最重要的资源之一。在传统国际贸易中，商品的流动和支付是主要的交易内容，而在数字贸易中，数据流的速度和质量直接决定了交易的效率与质量。数据不仅仅是对市场需求的统计，还包括消费者行为、商品供应链、价格波动、交易条款等信息的汇聚。通过收集、分析和应用这些数据，国际贸易的参与者可以更精准地把握市场趋势、消费者偏好以及供应链风险，从而优化决策和运营模式。

（一）大数据分析在跨境电子商务中的应用

全球范围内，越来越多的跨境电子商务平台通过大数据技术来支撑运营。数据的应用使这些平台能够实现智能推荐、个性化定价以及实时调整库存等功能。通过对全球消费者购物行为的分析，企业可以更好地了解哪些商品在特定区域或季节受欢迎，从而优化供应链并提高库存周转率。

（二）数据流动对国际贸易规则的影响

数据的共享和交换促进了国际贸易规则的革新。在数字化国际贸易中，数据流动已经成为跨境交易不可或缺的一部分。特别是在共建"一带一路"倡议和区域自由贸易协定等全球合作框架下，跨国数据流动和交换的规则已逐步成为新的贸易谈判议题。为了确保数据流的顺畅，各国需要达成一系列国际数据安全和隐私保护协议，这无疑为数字化国际贸易的进一步发展提供了强有力的保障。

（三）数据管理和安全挑战

数字化时代的国际贸易不仅是商品的跨境流动，更是信息、技术和知识的全球共享。企业必须在数据采集、数据存储和数据安全等方面做出更为精密的布局，从而确保在全球贸易过程中信息流通、风险控制以及市场预测等环节的高效运行。数据不仅仅是现代国际贸易的核心资源，也将推动全球贸易规则和模式不断创新。

二、人才：推动数字化转型的关键因素

数字化转型的成功离不开技术、管理和市场等多个领域人才的支持。国际贸易数字化转型，不仅需要具备深厚技术背景的专家，还需要具备全球化视野和多学科知识的人才，这样才能推动跨境电子商务、供应链管理、数字支付等各个环节的优化。

（一）技术型人才的作用

技术型人才是数字化转型中的重要组成部分。数字技术在国际贸易中的应用，尤其是人工智能、大数据分析、区块链、云计算等技术，正在成为推动数字化转型的核心驱动力。技术型人才的作用不仅体现在技术的研发和创新上，还在于他们能够通过应用新技术发挥企业在全球竞争中的优势。比如，基于大数据和机器学习技术，跨境电子商务平台可以实现更加精准的市场预测和用户行为分析，从而提高用户黏性和订单转化率；区块链技术的应用能够提高国际支付和物流的透明度和效率；人工智能可以帮助国际贸易企业进行供应链优化、客户服务自动化等操作，提升全球贸易的效率和可靠性。

（二）管理型人才的作用

在管理层面，具备数字化转型知识的高层管理者发挥着至关重要的作用。他们需要在企业内部推动数字化战略的落实，调整公司文化和业务结构，以适应新的市场环境。高层管理者不仅要具备技术理解能力，还要具备全球化视野。在全球化竞争环境中，数字化转型不仅仅是技术升级，更是企业组织结构、管理方式和业务模式的深刻变革。

（三）跨学科复合型人才的需求

国际贸易数字化转型还需要跨学科的综合型人才。在全球化背景下，国际贸易不仅仅是商品的买卖，还包括跨境数据流动、虚拟商品交易、数字支付等多方面内容。拥有国际市场经验的管理人员，能够在多变的市场中做出战略性决策；了解外部市场动态的分析师，能够为企业提供准确的行业趋势判断和市场预测；而通晓不同地区法规与文化的国际人才，则能够帮助企业制定符合当地市场的营销策略。因此，在推动国际贸易数字化转型的过程中，全球化、跨学科和多元化的人才培养尤为重要。

（四）人才培养和引进的战略

跨国企业和国家应当加大人才的培养力度，建立完善的人才引进与培训体系，以满足数字化转型过程中对高端人才的需求。随着国际竞争日益激烈，能够适应数字化挑战并推动全球贸易发展的跨领域复合型人才，将成为国际贸易竞争中的重要筹码。

三、工具：技术平台和工具对数字化转型的支持

除了数据和人才，技术工具和平台在推动国际贸易数字化转型的过程中也起到了至关重要的作用。随着云计算、人工智能、区块链、物联网、数字支付等技术的不断发展和应用，国际贸易的运营模式、支付方式、信息传递和交易流程

等都发生了革命性的变化。

（一）云计算在数字化国际贸易中的应用

云计算的引入使国际贸易具备了弹性和高效的存储和处理数据的能力。企业不再依赖庞大的本地硬件设施，而是可以通过云平台将交易数据、消费者数据以及供应链数据等进行集中管理与分析。云计算这种灵活的技术可以支持企业快速扩展全球业务，降低信息处理的成本，提升数据的访问速度。同时，云平台提供的数据安全和隐私保护措施，也能够在保障数据流动的同时防止数据被泄露或滥用。

（二）人工智能和物联网的协同效应

人工智能与机器学习的应用使企业能够实时跟踪市场需求变化，进行动态定价和个性化推荐。人工智能还可以通过自动化操作，提升跨境电子商务平台的用户体验，帮助消费者更高效地找到所需商品，缩短购买决策的时间。在供应链管理方面，人工智能与物联网结合，能够对库存、运输和销售数据进行实时监控，提高全球供应链的响应速度和灵活性。

（三）区块链技术的作用

区块链技术通过去中心化和分布式账本技术（DLT），提供了一种更加安全、透明的交易方式。在国际支付和跨境物流领域，区块链能够有效减少中介机构的参与，提高支付的效率和透明度。例如，在跨境支付过程中，通过区块链技术，交易各方无须依赖银行等中介机构进行结算，就可以实现即时到账和高效结算，极大地减少了交易成本，缩短了交易时间。

（四）数字支付平台的崛起

数字支付平台在推动国际贸易数字化转型中的作用不容忽视。支付方式的创新使得跨境支付不再依赖传统银行系统，通过支付宝、PayPal、微信支付等平台，消费者和商家能够便捷地完成支付，减少了汇率差异和支付时间带来的不使。数字支付的安全性和便捷性为全球贸易提供了更加畅通的资金流动渠道，进一步提升了全球贸易的效率。

第二节 国际贸易的数字化转型新业态

一、发展和转型高端数字贸易业态的必要性

随着全球经济形态的深刻变革，国际贸易的数字化转型已不再局限于传统商品的跨境交易，逐渐向高端数字贸易业态拓展。这一转型不仅仅是技术上的变革，更是全球经济竞争格局重新布局的必然趋势。随着人工智能、大数据、云计算、区块链等技术的飞速发展，传统的低端商品贸易模式已经无法满足日益增长的全球市场需求，高端数字贸易业态的兴起显得尤为重要。为了在全球价值链中占据更有利的位置，国家和企业必须积极推动这一转型。

（一）全球市场需求的变化

全球市场的需求正在从传统的商品和资源向高端数字化服务、虚拟商品、智能制造、数据流通等方向转型。过去，传统国际贸易主要涉及大宗商品、工业产品以及基础服务。而如今，随着信息技术的进步，全球市场对高端技术、数据、虚拟商品等的需求日益增多。例如，智能制造与自动化技术的迅速发展，使得高端机械设备、定制化服务、虚拟商品和数字服务的需求大幅增加。跨境电子商务平台虽然仍然是国际贸易的重要组成部分，但其关注的重点已经从低价商品的批量交易，转向了高附加值的智能硬件、数字内容和创新服务。

这种需求的变化促使全球贸易市场加速向高端数字贸易业态转型。企业不再仅仅满足于出口商品，而是通过提供更具附加值的高端技术产品、数字服务及相关解决方案，全面提高自身的全球竞争力。各国必须在这一过程中加大对高端数字贸易业态的投资和政策支持，以适应市场需求的变化。

（二）提升产业链竞争力的迫切需要

高端数字贸易业态不仅能够满足市场需求的变化，还能够提升各国在全球产业链中的竞争力。过去，全球产业链主要依赖传统的劳动密集型生产和基础设施建设。而在数字化时代，全球产业链的核心竞争力逐渐转向技术创新、数字服务和高端制造能力。

为了确保在新的产业链格局中占据优势地位，国家和企业必须推动高端数字贸易业态的发展。这不仅仅是技术的竞争，更是对创新能力、资源整合能力和市场响应速度的综合考验。高端数字贸易业态涵盖智能制造、数字服务、虚拟商品交易等领域，已经成为全球产业链升级的重要突破口。通过积极发展这些领域，国家和企业能够优化产业结构，提高产业附加值，从而增强全球竞争力。

例如，在智能制造领域，全球领先的国家和企业通过数字化技术提高了生产效率和产品质量，从而在全球市场中占据了有利位置。与此同时，虚拟商品和数字服务的贸易，则在云计算、大数据、人工智能等技术的支持下，实现了更高效的资源配置和全球范围的业务扩展。这些新业态不仅推动了全球产业链的高端化进程，还为企业带来了更广阔的市场空间和更多的盈利机会。

（三）应对全球竞争压力的需求

全球竞争的加剧，使各国企业不得不寻求新的商业模式和贸易形式。高端数字贸易业态的转型不仅仅是对市场需求变化的适应，更是为了应对全球竞争压力。在全球化背景下，国家和企业不仅需要在传统商品贸易中占据优势，更需要在数字化产业、创新技术和高附加值服务领域占得先机。

各国正在积极推动数字经济的发展，以提升本国企业在全球市场中的竞争力。通过发展数字支付平台、跨境电子商务、虚拟商品交易、智能制造等高端数字贸易，企业能够在全球价值链中占据更有利的位置，提升产业附加值，并获得更大的利润空间。尤其是在数字技术的推动下，企业能够更快响应市场变化，优化产品和服务，从而提升市场份额，打破传统贸易模式下的竞争局限。

此外，高端数字贸易业态的推进，还能够帮助企业在全球化竞争中实现差异化竞争。通过创新商业模式、提供定制化服务以及加强与全球消费者的互动，企业能够突破传统贸易模式的限制，开辟新的市场，并取得长期竞争优势。

（四）推动全球贸易规则的完善

随着高端数字贸易业态的兴起，全球贸易规则也面临着重大的调整。在传统的国际贸易中，规则和标准主要围绕商品的贸易和支付展开；但在数字化时代，新的贸易形态如跨境电子商务、虚拟商品交易、数据流通等的出现，要求国际社会重新审视和调整现有的贸易规则。这包括跨境数据流动的管理、数字支付的安全性、知识产权的保护等方面。

全球贸易的数字化转型要求国际社会在多个层面达成新的共识和协议，以确保数字贸易能够在公平、透明的环境中顺利开展。例如，跨境数据流动已成为数字贸易的重要组成部分，但不同国家对数据保护和隐私政策的不同规定，已经成为数字贸易的一大障碍。因此，全球贸易规则的完善，尤其是在数字化领域的规则创新，将有助于推动全球贸易的健康发展，并为企业营造更加公平的竞争环境。

二、发展和转型高端数字化国际贸易新业态的着力点

随着全球市场的竞争日益激烈，国际贸易的数字化转型并非仅仅停留在低端商品的跨境电子商务交易领域，而是进一步向高端数字化国际新贸易业态延伸。高端数字化国际贸易新业态的转型不仅是全球产业升级的必然结果，也是经济全球化和数字化发展有效推动的体现。对于企业来说，这种转型涉及多个层面的挑战，如技术创新、政策支持、市场布局以及供应链整合等。在这一过程中，如何精准地抓住发展和转型的关键着力点，成为推动数字化国际贸易走向高端的重要议题。

（一）技术创新驱动的数字化转型

高端数字化国际贸易的转型，首先依赖于技术创新的驱动。随着信息技术的不断进步，尤其是人工智能、大数据、云计算、区块链等技术领域的突破，数字贸易的潜力和能力得到了大幅提升。技术创新不仅优化了传统贸易的运营效

率，促进了供应链管理的智能化，还使国际贸易更具灵活性与创造力。

例如，人工智能技术可以帮助企业通过数据分析，精准预测市场趋势，智能推荐产品，优化定价策略，从而提升跨境电子商务和数字服务贸易的交易效率。大数据技术通过对大量交易数据的挖掘与分析，能够为企业提供更为精确的市场决策依据，帮助企业识别市场需求，优化产品和服务设计。此外，区块链技术通过去中心化的分布式账本，可以提高国际支付和跨境交易的透明度与安全性，解决了传统支付中的信任问题。

这些技术的应用不仅使传统贸易模式更加高效，也催生了智能制造、数字服务、虚拟商品等新的高端贸易业态。因此，各国和企业必须加大对技术研发和创新的投入，推动技术与国际贸易的深度融合，提升自身在全球贸易竞争中的优势地位。

（二）政策环境与国际合作

高端数字化国际贸易的转型不仅仅依赖于技术驱动，还需要政府和国际组织提供良好的政策环境和合作机制。政府的政策支持和国际合作框架，能够为企业营造更加稳定和有利的贸易环境。

在政策层面，各国应当积极推动数字贸易相关法律法规的制定与完善。例如，跨境数据流动是数字贸易中的核心问题之一。为保证数据的安全性和保密性，政府应当出台明确的法规，规范数据的跨境流动与使用，防止数据被泄露和滥用。此外，税收政策和关税体系的数字化改革也至关重要。许多国家的传统关税体系难以适应数字商品和服务的跨境流动，因此，建立符合数字贸易需求的新型关税体系，将是推动高端数字贸易转型的关键。

国际合作在这一过程中具有重要意义。随着全球经济一体化的不断深入，各国和地区的贸易规则越来越依赖于跨境协调。WTO、国际标准化组织等国际机构应当为数字贸易的规范化发展提供支持，促进各国在数字化领域的互通与合作。同时，区域性自由贸易协定和跨境电子商务合作平台的建立，也为高端数字化国际贸易新业态提供了更多的机会和更大的空间。政府间的合作和国际规则的建立，能够有效减少贸易壁垒，推动全球市场的开放与整合。

（三）全球供应链的智能化与协同

高端数字化国际贸易新业态的转型依赖于更加智能化和协同化的全球供应链管理。供应链是全球贸易中至关重要的一环。随着全球产业链的逐步优化和分工，传统供应链的管理模式已难以应对日益复杂的全球市场需求。数字化技术的应用，能够帮助企业在全球范围内实现供应链的精细化管理，提升全球供应链的透明度和响应速度。

物联网技术的普及，使供应链中的每一个环节都能够被实时监控和反馈，从而实现对库存、物流、生产等要素的动态管理。通过人工智能和大数据分析，企业能够准确预测市场需求波动，优化生产和运输计划，减少库存积压和资源浪费，降低供应链成本。同时，区块链技术也能够为全球供应链的每一个环节提供去中心化的透明记录，确保每一笔交易的真实性与可靠性。

此外，供应链的全球协同也是高端数字化国际贸易转型的关键所在。在数字化环境下，企业可以通过云平台与全球供应商、客户以及合作伙伴进行即时的沟通和协作，打破了地域和时区的限制。这种全球协同不仅提高了供应链的响应速度，还增强了企业面对突发市场变化的灵活性和适应能力。跨国供应链的智能化与协同，能够帮助企业更好地满足市场需求，提高产品和服务的全球竞争力。

（四）人才培养与跨境人才流动

高端数字化国际贸易新业态要求企业和国家培养具备多层次、多领域知识的专业人才。从技术研发到市场运营，从跨境支付到数据分析，数字化转型需要各个领域的专业人才的共同支持。技术领域的专业人才，尤其是掌握人工智能、大数据分析、云计算等前沿技术的人才，将成为数字化国际贸易转型的核心推动力。政府和企业应加大对高素质人才的培养与引进力度，打造更加灵活的跨境人才流动机制，确保在全球数字化竞争中占据有利位置。

此外，企业在实施数字化转型时，还需要加强对现有员工的数字化技能培训，帮助他们快速适应新技术和新模式的变革。这种培训不仅应包括技术技能的提升，还应当涵盖市场分析、供应链管理、数字营销等综合能力的培养，确保人才能够在高端数字贸易新业态中发挥重要作用。

在全球范围内，跨境人才流动的政策和机制将在高端数字贸易的转型过程中起到至关重要的作用。国家间应当加强合作，制定更加灵活和开放的跨境人才流动政策，减少人才流动的障碍，为数字贸易提供充足的人才支持。

（五）创新商业模式与跨境支付体系

随着高端数字化国际贸易的快速发展，创新商业模式的出现为企业带来了更多市场机会。在这一过程中，企业不仅需要依赖传统的商品贸易模式，还需要通过技术创新、服务创新等方式，推动新型商业模式的建立。例如，基于平台经济的跨境电子商务、订阅式的全球产品供应、基于数据的智能定制服务等新兴商业模式，正在成为推动全球数字贸易的新动力。

跨境支付体系的创新也是高端数字化国际贸易转型的重要一环。随着区块链技术和虚拟货币的广泛应用，传统的跨境支付体系逐渐暴露出高成本、低效率等问题。通过发展基于区块链的支付平台，可以大幅提升支付效率，降低交易成本，并确保交易的透明度与安全性。此外，数字支付和虚拟货币的融合，为全球范围内的无国界支付提供了新的解决方案。

企业在推动高端数字化国际贸易转型时，必须积极探索新的商业模式和支付体系，不断提升自身的竞争力和创新力，以应对瞬息万变的全球市场。

第三节 国际贸易的数字化转型价值

一、国际贸易数字化转型的意义

在全球化与数字化深度融合的今天，国际贸易的数字化转型不仅是科技进步的必然产物，更是推动全球经济发展的核心力量。数字化转型为全球贸易带来了前所未有的变革，使得传统贸易模式逐步向更加智能、高效、透明的方向演进。具体而言，贸易数字化转型的意义不仅体现在提高全球贸易效率、降低交易成本、促进资源优化配置等方面，还为国际经济的持续增长、国际竞争力的提升以及全球经济体系的重塑提供了新的动力和方向。

（一）提高全球贸易效率

全球贸易的传统模式依赖于大量人力和物力资源，而这些资源的高效调配往往受到地域距离、时区差异以及语言文化等多重因素的影响。数字化转型通过信息技术的引入，有效打破了这些障碍，使得跨境交易不再受到地理位置和时间的限制。通过应用大数据、人工智能、物联网、区块链等先进技术，企业能够在全球范围内实时获取市场信息，迅速做出决策，从而显著提高交易效率。

数字化转型促进了全球供应链管理的智能化，通过技术手段实现全球各地的生产、仓储、物流等环节的高效对接，极大缩短了交货周期，减少了等待时间，提高了整体供应链的响应速度。此外，数字支付系统和区块链技术的应用，进一步简化了跨境支付的流程，优化了国际交易的结算过程，使得资金流动更加高效、安全。

（二）降低交易成本

在国际贸易中，传统交易往往面临着高昂的交易成本，包括支付手续费、关税、运输费用、汇率风险等。而在传统贸易模式中，这些成本往往是不可控且不透明的，给企业带来了极大的经营压力。数字化转型通过一系列技术手段，能够有效降低交易成本。

一方面，数字化支付平台如支付宝、PayPal、Stripe等，简化了传统跨境支付中的烦琐流程，降低了汇款费用和支付中介成本。数字支付平台能够提供实时、低成本的跨境资金转移，大大降低了支付过程中由于时差和汇率波动带来的损失。

另一方面，数字化转型也通过优化供应链管理，减少了物理商品流动的冗余环节，降低了运输成本和库存成本。通过大数据分析和云计算平台，企业可以更精准地预测市场需求，优化生产计划和库存管理，从而减少库存积压、降低过剩生产和物流资源的浪费。此外，区块链技术通过确保交易的真实性和透明性，降低了传统贸易中的欺诈风险，减少了争议，从而降低了与此相关的法律纠纷成本。

（三）促进资源优化配置

数字化转型对于全球贸易的意义是能够实现资源的优化配置。在传统国际贸易中，企业的资源配置往往受到地域限制和信息不对称的影响，导致资源的浪费和低效使用。而数字化转型通过应用大数据、人工智能等技术，能够实时、精准地对全球资源进行分析与调配，从而最大限度地发挥资源的价值。

例如，人工智能技术能够分析全球市场的需求变化，为企业提供精准的产品设计、生产调度和市场推广方案，使企业能够在全球范围内优化资源配置，提升生产效率和市场占有率。数字贸易平台还能够通过提供全球供应商、制造商和消费者的详细数据，帮助企业在原材料采购、供应链管理等方面做出更高效的决策，减少资源的浪费。

此外，数字技术的应用提升了全球数据流通的顺畅性，打破了各国之间的数据壁垒，使得跨境信息流动更加便捷与高效。在数字化转型背景下，全球企业能够基于开放的、互通的数据平台，实现信息共享与协同合作，从而优化全球资源配置，提升整个经济体系的生产力。

（四）提高全球贸易的公平性与透明度

数字化转型对国际贸易的意义还体现在提高全球贸易的公平性与透明度方面。在传统贸易中，贸易壁垒、信息不对称、交易流程不透明等问题使中小型企业和发展中国家在全球贸易中的竞争力较弱。数字化转型的过程，则为企业和国家提供了更为平等的参与机会。

通过区块链等技术的引入，国际贸易中的交易过程变得透明、可追溯，从而减少了腐败、欺诈和不正当交易的发生。例如，区块链技术具有去中心化、不可篡改的特性，能够确保每一笔交易的公开性和透明度，使企业和消费者能够追踪到产品的生产、运输、交付等每一个环节。数字化支付平台能确保交易资金的安全，减少交易过程中可能产生的资金损失。

同时，数字化平台为各国企业营造了更加公平的竞争环境。尤其是对于中小型企业，数字化平台降低了进入国际市场的门槛，这些企业能够通过在线市场进行跨境贸易，充分发挥其创新优势，参与全球竞争。发展中国家的企业也能够借助数字化平台，进入全球供应链，提升自身在全球贸易中的话语权。

（五）促进国际贸易规则的重塑与创新

随着数字化转型的推进，国际贸易的规则和治理模式也面临着深刻的变革。数字化国际贸易不仅在贸易商品的范畴上扩展了新的领域（如数字服务、虚拟商品等），还推动了全球贸易规则的重塑与创新。

在这一过程中，数字贸易规则的制定成了国际贸易治理的重要课题。例如，跨境数据流动、数据保护、知识产权保护等问题已成为全球贸易规则的重要议题。随着数字技术的不断进步，各国和地区需要对现有的国际贸易规则进行更新，制定适应数字化时代的新规则，以促进跨境数据的自由流动，同时保护各国公民的隐私和安全。

此外，数字贸易规则的创新不仅在于政策层面的调整，还包括全球范围内标准化体系的建立。通过推动全球数字贸易标准的统一，企业能够更加便捷地进入全球市场，减少由于技术标准不统一所带来的市场障碍。此外，全球数字贸易规则的重塑有助于减少不同国家间的贸易摩擦，推动全球经济体系更加有序和公正地发展。

综上所述，数字化转型为国际贸易带来了前所未有的机遇，使得国际贸易更加高效、透明和公平。通过信息技术的应用，国际贸易的各个环节都得到了优化，资源配置变得更加精准，企业竞争力得到了提升。数字化转型不仅促进了全球市场的深度融合，也推动了国际贸易规则的重塑与创新，为全球经济的可持续增长提供了强大的动力。

二、国际贸易数字化转型的过程

国际贸易数字化转型是一个渐进的、系统化的过程，意味着从传统贸易到数字贸易的逐步过渡，涉及技术创新、基础设施建设、政策支持和全球治理规则的逐步适应。这个过程不仅是企业的内部转型，更是全球经济体系、市场机制以及国际贸易规则的深刻变革。要理解这一过程，必须从数字化转型的各个阶段进行剖析，并重点关注其内在推动力、挑战和实施路径。

（一）数字化转型的起步阶段：基础设施建设与技术引入

国际贸易数字化转型的第一步是企业和国家在技术和基础设施上的初步布局。在这一阶段，企业开始认识到传统贸易模式的局限性，主动引入信息技术来优化贸易流程。这一阶段的核心任务是建设完善的信息化基础设施，包括数字支付系统、云计算平台、供应链管理系统等。

基础设施建设的关键是打破物理距离的限制，将信息流、资金流和物流高度集成。云计算的引入使企业能够以低成本获得高效、灵活的数据存储和处理能力，促进了数据在全球范围内的流动。通过建立全球电子支付网络，跨境支付不再依赖传统的银行体系，而是通过第三方支付平台或区块链技术，实现快速、低成本的资金转移。

这一阶段还包括对人工智能、大数据分析和物联网技术的初步应用。这些技术虽然在当时可能处于初级阶段，但为后续数字化转型的深化奠定了基础。例如，大数据分析可以帮助企业预测市场需求，优化供应链管理，提高库存管理的效率和准确性。

（二）数字化转型的中期阶段：跨境电子商务的兴起与全球供应链的数字化

随着技术的逐步成熟，国际贸易进入了第二个重要阶段，即跨境电子商务的兴起与全球供应链的数字化。在这一阶段，数字化技术不仅仅应用于单一企业内部的运营，还扩展到了全球供应链的各个环节，从生产、库存、运输到最终交付，都实现了信息化、数字化的管理。

跨境电子商务成为这一阶段的代表性业态。借助电子商务平台，全球范围内的消费者可以轻松购买到来自不同国家和地区的商品，跨境交易变得更加简便、快捷。电子商务平台如阿里巴巴、亚马逊、eBay等，利用数字支付系统、物流追踪系统以及自动化仓储系统，推动了全球贸易的增长。

与此同时，企业对全球供应链的数字化进行了更深入的探索。大数据分析、物联网和人工智能技术被广泛应用于供应链管理中，帮助企业实现了精准的库存管理、订单处理和物流调度。全球供应链的优化使企业能够降低成本、提高响应速度，并增强了应对突发情况的能力。

这一阶段，数字化支付和数字货币的应用得到了显著发展。PayPal、支付宝、微信支付等支付方式的兴起使跨境支付变得更加安全、便捷。区块链技术也逐步开始在国际贸易中应用，尤其是在跨境支付、贸易结算、物流追踪等方面，发挥了巨大的作用。

（三）数字化转型的深化阶段：高端数字贸易业态的崛起与全球数字治理的挑战

随着数字技术的进一步发展，国际贸易的数字化转型进入了一个全新的阶段。在这一阶段，数字贸易不再局限于传统商品和服务的跨境交易，而是向智能制造、虚拟商品交易、数字服务出口等高端领域扩展。数字经济的范畴不断拓展，国际贸易的形式和内涵发生了深刻的变化。

在这一阶段，智能制造成为国际贸易中不可忽视的新兴业态。全球化生产体系借助物联网、人工智能和大数据技术，能够实现更加智能、灵活和高效的生产。制造业不再仅仅生产传统商品，而是向个性化定制、按需生产转型。通过数字化平台，制造商能够根据全球市场的实时需求调整生产策略，减少库存积压和资源浪费。

此外，虚拟商品交易和数字服务贸易开始占据国际贸易的重要地位。虚拟商品包括软件、游戏、电影等文化产品，数字服务贸易则涵盖了云计算服务、数据托管、网络安全等领域。这些新兴业态的崛起不仅改变了传统的商品贸易格局，也推动了国际贸易方式的多元化和数字化发展。

在这一阶段，全球数字治理的挑战日益凸显。如何确保跨境数据流动的安全性、保护个人隐私、合理保障知识产权的保护以及建立统一的数字贸易规则，成为各国和国际组织需要解决的重大问题。随着数据流通和数字交易的日益频繁，国际贸易规则的制定和更新面临着前所未有的压力。如何在尊重不同国家主权的同时，推动跨国数字治理合作，已成为全球治理体系中的一个关键课题。

（四）数字化转型的未来阶段：智能化、全球协同与可持续发展

随着技术的不断进步，国际贸易的数字化转型将进一步向智能化、全球协同和可持续发展迈进。未来的国际贸易将不仅仅依赖现有的数字平台，还将更加智能化、个性化和自动化。人工智能、机器学习、5G技术、量子计算等将推动国际贸易从"数字化"向"智能化"迈进，彻底改变全球供应链、支付系统以及市场交易的方式。

在未来的国际贸易中，全球协同将成为更加显著的趋势。国家之间的数字基础设施将实现互联互通，全球贸易将不再是单个国家或地区之间的交易，而是形成跨国公司、国际组织、政府和消费者共同参与的全球协作体系。智能化技术将使全球市场更加紧密地联系在一起，从而实现资源、资本和信息的高效流动。

同时，可持续发展也将成为国际贸易数字化转型的重要目标。随着全球对环境保护、社会责任和经济可持续性关注的增加，数字化转型不仅仅是技术层面的变革，更是经济、社会和环境三者平衡发展的过程。在数字技术的推动下，国际贸易可以实现更低的碳排放、更高效的资源利用，并推动全球经济走向更加绿色、可持续的未来。

国际贸易的数字化转型是一个多维度的系统工程，涉及技术革新、政策调整、全球合作和社会适应等各个方面。从基础设施的建设到跨境电子商务的崛起，再到高端数字化国际贸易新业态的形成，每个阶段都充满了挑战和机遇。随着全球数字治理框架的不断完善，国际贸易将在数字化的推动下迈向更加智能化、全球协同与可持续发展的未来。

三、国际贸易数字化转型的价值力量

在全球经济日益数字化的背景下，国际贸易的数字化转型不仅改变了贸易模式和经济结构，还为全球经济的可持续发展注入了新的动力。数字化转型带来的价值力量，不仅体现在提升贸易效率、降低成本、推动创新和增强市场响应能力方面，还在增强全球竞争力、提高贸易透明度、优化资源配置以及助力绿色经济发展等层面发挥着重要作用。国际贸易的数字化转型是一个充满变革和深远影响的过程，其核心价值力量可以从多个维度进行分析和探讨。

（一）提升贸易效率与透明度

数字化转型最直接的价值体现在提升贸易的效率和透明度上。通过信息技术的全面应用，传统的国际贸易流程变得更加自动化、数据化，能够大幅提高交易的响应速度和准确性。数字化支付、区块链技术、物联网和大数据等技术手段，使得全球供应链和贸易过程中的信息流、资金流、物流三流合一，降低了中间环节的复杂性，减少了冗余操作，缩短了交易周期。

数字支付平台的普及，尤其是跨境支付系统的数字化，使传统的支付手段变得更为迅捷、安全，跨国支付的时间大幅缩短。借助区块链技术，跨境支付不仅变得更加透明，而且能够减少外汇交易中的汇率波动风险，确保交易各方的信任与安全。对于消费者和供应商而言，贸易的透明度得到了极大的提升，降低了交易中的不确定性与欺诈风险。

通过整合大数据分析与物联网技术，全球供应链的可视性和追溯能力大大增强。企业能够实时监控供应链的运行状态，从生产、运输到最终配送的每一个环节都能得到准确反馈。这种透明化的供应链管理不仅提高了企业的响应速度，还优化了资源配置，减少了库存积压和物流成本。

（二）降低交易成本与风险

数字化转型使国际贸易的交易成本和风险显著降低。传统国际贸易模式涉及大量人工操作、文件传输、纸质合同和签字等烦琐流程。这些流程不仅增加了成本，还容易引发错误和纠纷。而数字化技术的应用则简化了这些流程，使得信息传递更加及时和准确。

通过云计算和大数据的结合，企业能够对市场需求和供应链风险进行更准确地预测和分析，减少了库存积压和运输成本。数字化技术在物流领域的运用，尤其是智能化的仓储与运输管理，极大地提高了资源利用效率，降低了运营成本。此外，数字化的支付手段、自动化的清关手续、智能合约的使用，进一步降低了国际贸易中的操作风险，减少了交易中人工干预和出错的机会。

对于国际贸易中的中小型企业来说，数字化转型带来了显著的成本优势。过去，这些企业往往因为资源和技术的限制，难以进入全球市场。而数字化平台的普及和技术的普适性使中小型企业能够以较低的成本和风险参与全球竞争，通过跨境电子商务、数字支付等方式与全球消费者直接对接，开辟了新的增长点。

（三）推动全球竞争力与创新力的提升

数字化转型不仅提高了贸易效率，降低了成本，更推动了全球竞争力和创新力的提升。随着数字技术的广泛应用，国际贸易的竞争格局发生了根本性变化。数字贸易平台打破了传统的国界和市场限制，使得全球市场更加开放、透明，使企业能够更精准地把握市场需求、调整产品和服务，并在全球范围内参与竞争。

特别是在智能制造和虚拟商品交易等领域，数字化为企业提供了更加广阔的创新空间。借助人工智能、物联网、大数据分析等技术，企业能够在产品研发、生产和营销方面进行更加精准的定制和调整，推动产业链的升级和价值链的延伸。这种创新不仅体现在产品的功能和质量提升上，还体现在生产模式、商业模式和市场营销模式的全面创新上。例如，3D 打印、无人机配送等技术的应用，使得传统的生产与物流体系发生了颠覆性变化，推动了全球产业的深度融合和竞争力的提升。

（四）优化全球资源配置与提升市场响应能力

数字化转型使全球资源配置变得更加高效。通过大数据和人工智能的运用，全球市场的需求和供给得到了更准确的匹配。企业能够基于实时数据分析对生产计划进行调整，而全球供应链能够对瞬息万变的市场需求做出快速反应，优化资源配置。跨国公司能够在全球范围内调配资源，降低运营成本，提高市场响应速度，进一步提升全球市场竞争力。

数字化转型使得信息流、资金流、物流能够无缝对接，各国之间的贸易壁垒逐步被消除，贸易便利化程度大幅提升。对于全球供应商和消费者而言，商品的可获得性和价格透明度得到了极大提高，市场反应时间显著缩短。企业能够实时感知市场的变化，及时调整产品定价、生产计划、库存管理等，从而优化资源配置。

（五）助力可持续发展与绿色经济

数字化转型不仅促进了经济效益的提升，还为可持续发展和绿色经济提供了新的动力。数字技术能够有效提高资源使用效率，减少能源消耗和物料浪费。通过数字化平台，全球供应链的碳足迹和环境影响得到实时监控，从而推动了更具环保意识的生产模式和消费模式的形成。

在数字化的推动下，企业可以利用精准的市场需求预测和供应链优化，减少不必要的运输和生产环节，从而有效减少温室气体排放。此外，数字技术还助力绿色金融的发展，绿色债券、碳交易市场等金融工具在数字平台上得以更加高效和透明地运作。这不仅有助于企业履行社会责任，也促进了全球环境治理的共同努力。

总的来说，国际贸易数字化转型的价值力量是多维度的，涵盖了效率提升、成本降低、创新驱动、资源优化等多个方面。随着技术的不断进步和全球数字化环境的不断完善，数字化转型必将为国际贸易带来更加深远的影响，推动全球经济朝着更高效、更创新和更可持续的方向发展。

第六章

数字贸易的发展趋势与实践

第一节　数字贸易的内涵及其演变

一、数字贸易的定义与特征

随着全球数字化进程的加速，数字贸易已成为全球经济的重要组成部分。它不仅是传统贸易模式的延伸，更是现代信息技术，特别是互联网、大数据、云计算、人工智能等技术革新的产物。数字贸易通过跨境的数字商品和服务交易，以及数据流动，推动了全球经济一体化。其不仅涉及电子商务，还包括虚拟商品、数字化的服务贸易、数据交换等内容。

（一）数字贸易的定义

数字贸易可被定义为利用数字技术（如互联网、云计算、大数据等）完成商品、服务和数据的跨境交换。它的形式多种多样，涉及数字化商品（如软件、电子书、电影等）、虚拟服务（如在线教育、云计算服务、技术支持等）以及通过互联网平台进行的跨境交易和支付。数字贸易不仅仅是传统电子商务贸易的延伸，更注重信息流、资金流和数据流的流通性，以及跨境交易中无形资产的流动。

不同于传统的货物贸易，数字贸易不依赖于物理产品的运输，而是通过网络平台和技术将商品和服务直接交付给消费者或企业。这使数字贸易突破了地理、时间和物理产品的限制，尤其是在服务贸易和信息流动方面，具有独特的优势。

（二）数字贸易的特征

数字贸易具有鲜明的特征。它们不仅塑造了数字贸易领域的现状，也预示着未来发展的方向。以下是数字贸易的主要特征。

1．全球化和无国界性

数字贸易突破了传统贸易中地理、物理等多方面的限制，消除了贸易壁垒。消费者与供应商、企业与客户之间的联系可以不受地理距离的影响，商品和服务能够实现即时、跨越国界的交易。基于这一特性，数字贸易在全球市场的渗透速度相较于传统贸易更为迅猛。

2．低成本和高效率

传统贸易涉及大量人工、运输和其他物理费用，跨境贸易往往伴随着烦琐的手续和较高的交易成本。而数字贸易通过互联网平台完成交易，显著降低了交易成本，减少了中介环节，提升了交易效率。消费者可以通过点击鼠标完成跨境购买，商家则可以通过数字平台直接进入全球市场。

3．信息流的主导地位

在数字贸易中，信息和数据成为核心资源。与传统贸易中的商品流动不同，数字贸易强调的是信息流的交换，尤其是数据流动的自由化与安全性。数字产品、电子支付、数字服务等都依赖于数据传输和存储。这使得数据和信息安全成为数字贸易中的关键问题。

4．数字化商品和服务

数字化商品和服务是数字贸易的重要组成部分。数字化商品（如电子书、音乐、软件、数字艺术品等）的交易完全通过网络平台进行，无须通过实际物流运输。而数字化服务包括云计算、在线教育、远程医疗、技术咨询等。这些服务在虚拟环境中完成，具有极强的灵活性和广泛的适用性。

5．平台化和生态化

数字贸易的发展离不开数字平台的支撑。以亚马逊、阿里巴巴、eBay 等跨境电子商务平台为代表的数字平台作为交易的媒介，汇集了大量商家、消费者和服务提供者，形成了一个庞大的生态系统。平台不仅提供了交易所需的基础设施，还通过大数据分析、智能推荐、支付工具等进一步增强了交易的便捷性和安全性。随着平台化模式的成熟，越来越多的中小型企业和个人商家实现了跨境贸易。

6．创新商业模式

数字贸易的兴起催生了许多新型的商业模式。共享经济通过数字平台连接用户和资源，促进了资源的高效配置；跨境电子商务通过线上平台跨过了传统零售商与消费者之间的层层中介；数字支付技术（如支付宝、PayPal 等）使全球支付变得更加便捷和安全。新型商业模式不仅提升了贸易效率，还使个体和小微企业能够在全球市场中找到新的增长机会。

7．跨境支付和物流的数字化

数字贸易的一个显著特征是支付和物流的数字化。通过数字支付系统，跨境支付变得快速、便捷且低成本，消费者和企业无须通过传统银行系统，而是通过各种数字支付工具完成交易。与此同时，数字化物流管理也在推动着全球供应链的变革，借助智能仓储、物联网和大数据分析，全球跨境物流的效率不断提高。

8．适应性与实时性

数字贸易的另一大特征是适应性和实时性。在全球化市场中，企业需要快速应对变化的市场需求，而数字化技术提供了高度的灵活性和可调节性。商家可以实时调整产品价格、推广策略、客户服务等，而消费者能够根据市场的实时变化进行购买决策。这种快速响应的能力，使数字贸易能够在不断变化的市场环境中保持竞争力。

随着技术的不断进步，数字贸易将继续向更广阔的领域扩展。区块链技术、人工智能、物联网等新兴技术的应用，将进一步推动数字贸易的发展。未来，跨境电子商务将成为主流，个性化定制、智能制造、数字化供应链等新兴商业模式将成为数字贸易的重要组成部分。同时，随着数据安全、隐私保护、跨境数据流动等问题的日益突出，全球范围内的政策协调和法律体系建设将成为数字贸易持续发展的关键因素。

总体而言，数字贸易的发展方向是深度融合创新技术、优化全球市场规则和加强各国之间的合作。未来，数字贸易不仅是全球经济的重要组成部分，更是推动全球经济转型和创新的重要动力。

二、数字贸易的全球格局演进

随着信息技术的不断创新与全球化进程的加速，数字贸易已经从一种局部、依赖特定市场的商业形式，发展成为推动全球经济增长的重要力量。全球数字贸易的格局在过去的几十年里发生了很大的变化，受到了技术进步、政策环境变化、全球市场需求变化等多方面因素的影响。数字贸易的全球格局不仅体现了跨境电子商务的快速增长，还反映了国际市场对数据流动、数字服务和新兴商业模式的需求日益增长。要深入了解数字贸易全球格局的演进过程，需要从多个维度进行分析，了解其背后的驱动因素以及当前各国在数字贸易中的角色和分布特点。

（一）数字贸易的起步与初期发展

数字贸易的最初阶段，主要由跨境电子商务引领。20世纪90年代，互联网的普及和电子支付系统的逐步完善，奠定了数字贸易发展的基础。早期的数字贸易模式主要集中在零售商品的在线交易上，依托互联网平台进行的商品销售成为全球贸易的一部分。美国和欧洲等发达经济体是最早的数字贸易参与者。随着阿里巴巴、亚马逊等全球电子商务平台的兴起，数字贸易逐渐成为一项跨境的、全球性的重要经济活动。

在这一阶段，数字贸易的主要特征是以大型电子商务平台为核心，依赖于传统的贸易模式和物流系统。虽然数据的交换和电子支付的兴起推动了全球市场的互联互通，但由于技术条件的限制、基础设施的不完备以及市场监管体系的缺失，数字贸易的跨境流动仍然受到很多制约。主要国家的政策支持并不完全到位，部分国家对于数字贸易的相关法规和政策仍然处于探索阶段，跨境数据流动的规范化管理尚未得到普遍关注。

（二）全球数字贸易格局的成熟与多元化

进入 21 世纪，尤其是 2010 年之后，数字贸易进入了快速发展和成熟阶段。互联网基础设施的完善，智能手机的普及，云计算、大数据、人工智能等技术的突破，为数字贸易的繁荣提供了技术支撑。与此同时，全球电子商务平台不仅仅拓展零售市场，更将触角伸向了全球供应链、跨境支付、数字支付平台等领域。全球数字贸易的参与者不断增多，市场更加多元化。

中国、印度等新兴经济体的崛起，对全球数字贸易格局产生了深远影响。以中国为例，阿里巴巴和京东等跨境电子商务巨头的崛起，使中国逐渐成为全球数字贸易的主要输出国之一。中国不仅通过电子商务平台拓展海外市场，还通过数字支付、云计算和跨境物流的整合，提升了全球市场对数字贸易的接受度。

新兴经济体的崛起也推动了数字贸易模式的多样化。在这一时期，数字贸易不仅仅是商品的买卖，还涉及虚拟商品、数字服务、知识产权交易等内容。无论是游戏、音乐、电影等数字产品，还是云计算、在线教育、远程医疗等数字服务，全球各地的消费者都可以通过互联网平台轻松访问这些数字内容，改变了传统贸易中依赖物理商品的交易模式。

（三）数字贸易中的全球竞争与合作

随着数字贸易的快速发展，全球市场上的竞争更加激烈。发达国家和新兴经济体在数字贸易中的竞争越发明显，技术、市场和数据流的控制权成了全球竞争的关键因素。美国和中国作为全球两大数字贸易强国，不仅在电子商务平台、数字支付和云计算等领域占据领先地位，还在全球数字贸易中占据主导地位。

然而，在全球数字贸易竞争的同时，合作也成了国际贸易的重要主题。尤其是在跨境数据流动、数据安全、数字支付等领域，各国的合作对于数字贸易的健康发展至关重要。区域性合作日益成为全球数字贸易发展的重要推动力，例如《全面与进步跨太平洋伙伴关系协定》（CPTPP）和《区域全面经济伙伴关系协定》等国际贸易协定中，都涉及数字贸易的条款。这些协定不仅推动了贸易便利化，还促进了数字技术的传播和应用，为全球数字贸易的规范化提供了支持。

（四）数字贸易的技术与市场变革

技术进步是推动数字贸易格局演进的核心动力。区块链、人工智能、物联网等新技术的应用，不仅加速了交易过程，还通过去中心化、安全和高效的系统，提升了数字贸易的透明度和可靠性。区块链技术的应用使得数字支付和跨境支付更加安全，而大数据和人工智能则提升了市场预测和供应链管理的效率。在数字支付方面，支付宝、PayPal、Apple Pay等数字支付平台的普及，使跨境支付变得更加便捷和低成本。

与此同时，消费者行为和市场需求的变化也在推动数字贸易的发展。消费者对个性化、定制化服务的需求日益增长，推动了数字产品和数字服务的创新。与此同时，全球化的消费者市场对于便捷、高效的数字交易体验提出了更高的要求。这不仅促进了数字商品的多样化，也推动了数字服务的发展，使数字内容、在线教育、云服务等新型数字商品成为贸易中的新亮点。

（五）数字贸易面临的全球挑战

数字贸易尽管在全球范围内蓬勃发展，但也面临着一系列挑战。全球范围内的数字鸿沟、数据隐私保护、跨境数据流动的管控等问题，都是发展数字贸易的主要制约因素。尤其是跨境数据流动的安全问题，在不同国家和地区的法律法规差异下，成了数字贸易发展的瓶颈。数据保护和隐私泄露问题引发了全球范围内的广泛关注，欧盟制定《通用数据保护条例》就是全球范围内对数据保护的一个重要回应。

此外，国际数字贸易的规则体系尚未完全建立，国际社会对数字贸易规则的协商仍处于不断推进阶段。在全球市场的数字贸易格局逐渐成熟的过程中，如何平衡不同国家间的利益、确保数字贸易的公平性和透明性，将成为未来数字贸易发展中亟待解决的问题。

（六）数字贸易未来格局的预测

随着数字技术的进一步发展，数字贸易的全球格局将发生更大的变化。预计在未来几年内，人工智能、区块链、物联网等技术将进一步提升数字贸易的效率，推动全球市场更加紧密地联结。随着全球市场对于数字服务需求的激增，未来数字贸易将在全球供应链、数字服务、虚拟商品等领域进一步拓展。

新兴市场经济体将在全球数字贸易中扮演越来越重要的角色，尤其是在亚洲、非洲和拉丁美洲等地区。随着这些地区的基础设施建设逐步完善，以及本地企业通过全球电子商务平台和数字支付平台实现扩展，新兴市场经济体有望成为数字贸易的新动力源。

同时，全球数字贸易的规则将逐步规范化。国际社会将进一步协调针对数字贸易的法律框架和政策。跨境数据流动的安全性、数字支付的标准化以及全球电子商务的统一规范，将成为未来数字贸易发展的重要方向。

总之，数字贸易的全球格局正在不断演化，科技创新与国际合作的双轮驱动将使全球数字贸易更加多元化、复杂化，并为全球经济的高效增长提供更为强劲的动力。

第二节　数字贸易发展新趋势

一、人工智能赋能数字贸易的路径

人工智能作为 21 世纪最具颠覆性的技术之一，正在推动各个行业的数字化转型，尤其在数字贸易领域展现出巨大的潜力。通过智能算法、机器学习、自然语言处理（NLP）等技术，人工智能为数字贸易提供了高效、精准和个性化的解决方案。人工智能的应用不仅提升了数字贸易的效率和准确性，也为跨境电子商务、支付系统、供应链管理等环节带来了革命性的变化。本节将深入探讨人工智能如何赋能数字贸易，并分析其在数字贸易中的实际应用路径及未来发展方向。

（一）人工智能与数字贸易的深度融合

人工智能与数字贸易的融合为全球市场带来了前所未有的创新机遇。在传统贸易模式中，贸易的交易过程往往烦琐且受限于地域、语言、时间等因素，而人工智能技术的应用则打破了这些限制。人工智能不仅能够处理大规模数据，还能多维度提升交易的智能化和自动化水平。这使得数字贸易的运作方式更加高效和精确。

随着人工智能技术的不断发展，人工智能逐步被广泛应用到数字贸易的多个环节中，包括产品推荐、智能客服、定价预测、供应链管理等。通过深度学习和数据挖掘，人工智能能够分析用户的购买行为，预测市场趋势，并提供个性化的商品和服务，从而提升消费者的购物体验和商家的销售效率。此外，人工智能在数据分析和风险管理方面的应用，使得企业能够更好地识别潜在的市场机会和应对突发风险。

（二）智能推荐与个性化服务

人工智能在数字贸易中最突出的应用之一是智能推荐系统。传统的推荐系统大多基于用户的历史行为数据，人工智能则通过更为复杂的算法和模型，深入挖掘消费者的潜在需求，从而提供更为精准的推荐。这不仅提升了消费者的购物体验，也帮助商家提高了销售转化率。

通过使用机器学习算法，人工智能能够实时分析用户在电子商务平台上的浏览、搜索、购买等行为，预测用户的兴趣和偏好，并为其提供个性化的商品或服务推荐。这种基于大数据的个性化推荐，不仅提高了顾客的满意度，也促使商家在竞争激烈的市场中获得了更多的销售机会。

此外，人工智能还可以根据用户的历史数据，推测其潜在的需求。例如，在跨境电子商务中，人工智能能分析不同地区的用户的购买行为，进而帮助商家精准布局市场，调整产品组合，优化物流配送，从而减少不必要的库存和运送成本。

（三）人工智能客服与自动化服务

随着消费者对购物体验的要求不断提高，智能客服已经成为数字贸易中不可或缺的一部分。传统的客服模式往往依赖人工来回答客户的问题，这不仅效率低下，而且容易因人工疏漏导致客户体验差。而人工智能通过自然语言处理（NLP）和机器学习，能够实时、准确地回答客户的问题，极大提升了客户服务的效率和质量。

人工智能客服不仅能解答常见问题，还能通过深度学习不断提升自己的应答能力。通过智能语音识别和文本生成技术，人工智能提供 24 小时无间断的服务，支持多种语言，帮助电子商务平台降低人工成本并提升客户满意度。特别是在跨境电子商务中，人工智能客服可以帮助解决语言障碍问题，为不同国家和地区的消费者提供精准服务，打破了语言和时区的限制。

除了接受消费者的咨询，人工智能还可以在售后服务中发挥重要作用。例如，当客户遇到退换货等问题时，人工智能客服可以根据规则和历史数据自动做出判断，并为用户提供解决方案，进一步提高服务效率。

（四）精准定价与动态调整

在数字贸易中，精准定价对于商家盈利至关重要。人工智能的应用使得动态定价成为可能，通过实时获取市场信息、竞争对手定价、消费者需求等数据，人工智能能够为商家提供精准的定价策略，并根据市场变化动态调整价格。

人工智能通过对历史数据、市场需求和竞争对手价格进行分析，可以预测商品的最佳售价，以实现利润最大化。同时，人工智能还可以结合用户的购买力和偏好，制定个性化的定价策略。对于跨境电子商务而言，人工智能能够根据不同市场的消费能力、汇率波动等因素，动态调整价格，从而确保商品在全球范围内的竞争力。

这种智能定价系统不仅能帮助商家提升销售额，还能有效地规避定价过高或过低带来的风险。此外，人工智能的预测分析功能还可以帮助商家识别潜在的市场变化，及时调整定价策略，确保商品始终具有市场竞争力。

（五）供应链与物流管理的智能化

人工智能在供应链管理中的应用，使数字贸易在全球范围内的运作更加高效与智能。通过集成大数据、物联网和人工智能技术，供应链管理变得更加透明、高效和智能化。人工智能通过实时监控和分析供应链中的各项数据，能够优化生产计划、库存管理、运输调度等关键环节，从而提升整体运营效率。

例如，在跨境电子商务中，人工智能能够根据全球市场需求预测产品的供应情况，避免出现产品短缺或过剩的问题。同时，人工智能还能够智能化地调整运输路径和时间，优化物流配送，从而降低运输成本并缩短运输时间。通过智能化仓储系统，人工智能能够提高仓库管理的效率，确保库存商品及时送达消费者手中。

智能物流不仅提高了效率，还能减少人工操作中的错误，优化整个供应链的运营，从而加速商品的流动，提升消费者的体验。在全球化数字贸易中，人工智能的供应链管理系统将进一步推动跨境物流的高效运行。

（六）人工智能与跨境支付系统

跨境支付作为数字贸易中的关键环节，一直面临着高成本、低效率以及安全性不足等挑战。随着人工智能技术的引入，跨境支付的效率和安全性得到了显著提升。人工智能通过对交易数据的实时监控和风险识别，可以有效防止欺诈行为，提高跨境支付的安全性。

人工智能还可以通过预测汇率波动、支付时效等，优化跨境支付的流程。例如，人工智能能够分析汇率波动趋势，自动为消费者提供最优的汇率和支付方式选择，从而减少跨境支付中不必要的损失。此外，人工智能通过智能合约技术，可以在跨境支付中实现自动结算，提高支付的效率和透明度。

（七）人工智能对中小型企业数字贸易的支持

对于许多中小型企业而言，进入国际市场的难度较大，这主要受到资金、技术、市场渠道等方面的制约。而人工智能的应用，为这些企业提供了新的发展机遇。人工智能能够通过自动化营销、智能客服、精准定价等功能，帮助中小型企业降低成本、提升效率、增强市场竞争力。

例如，中小型企业可以通过人工智能技术优化自己的电子商务平台，在全球范围内进行个性化的营销推广；通过智能客服提高客户满意度，降低人工客服的成本；通过精准定价提升产品的市场吸引力，增加产品销量。人工智能的普及使中小型企业能够在与大企业竞争的同时，获得技术上的支持，从而更好地融入全球数字贸易的浪潮。

综上所述，人工智能正在通过改变数字贸易的各个方面，来提升效率、降低成本、增强创新能力。未来，随着技术的不断成熟，人工智能将在全球数字贸易的推动中发挥越来越重要的作用。

二、区块链技术在数字贸易中的应用

自 2008 年比特币诞生以来，区块链技术逐渐发展成为一种具有广泛应用潜力的技术。尤其是在数字贸易的背景下，区块链技术因其去中心化、不可篡改、透明性强等特点，逐步成为推动数字贸易创新发展的重要力量。数字贸易作为经济全球化的重要组成部分，面临着交易信任、数据安全、跨境支付、供应链管理等诸多挑战，而区块链技术的引入，正是为了解决这些问题，优化交易流程，提升数字经济的透明度和效率。

（一）区块链技术的基本概念与特点

区块链技术是一种分布式账本技术。其核心是通过去中心化的网络和加密算法，确保数据的安全性、透明性和不可篡改性。每一项交易或数据记录都被打包成"区块"，并按照时间顺序串联成"链"。每个区块包含了一定的信息，比如交易数据、时间戳、前一区块的哈希值等。区块链网络的全节点共识机制，确保了所有的参与方对区块链上的数据有共同的认可，而这一过程是去中心化的，无须依赖第三方中介机构。

区块链技术具备以下几个主要特点。

1. 去中心化

区块链网络中的数据由多个节点共同维护，不依赖中央权威，减少了单点故障并降低了信任成本。这种去中心化的结构在数字贸易的应用中尤为重要，因为它能够在没有第三方中介的情况下使交易双方建立信任，从而消除传统贸易模式中中介机构产生的费用和潜在风险。

2. 不可篡改性

一旦数据被写入区块链，便不可更改或删除，确保了数据的可靠性和透明度。对于数字贸易中的交易记录而言，这一点至关重要，因为它能够有效防止数据篡改和虚假交易，为参与各方提供可信赖的交易历史记录。

3. 透明性与可追溯性

区块链上的所有交易记录都对网络参与者公开透明，便于他们追溯每一笔交易的来源和去向。数字贸易涉及多个国家和地区，不同主体之间的信任问题尤为突出，区块链能够通过透明的账本让所有交易方实时查看交易进展，提高了交易的公开性和可监控性。

4. 智能合约

区块链技术支持智能合约的开发，智能合约能够根据预定规则自动执行合同条款，无须人工干预。智能合约作为区块链的创新应用，能够提高数字贸易中合同执行的自动化程度，减少人为操作失误，使交易更加高效和透明。

这些特点使得区块链技术在数字贸易中的应用具有巨大的潜力，能够有效提高交易效率、降低成本并增强系统的安全性。特别是在跨境支付、供应链管理和数字货币等领域，区块链的应用正带来变革，区块链成为推动数字经济发展的重要技术力量。

（二）区块链在跨境支付中的应用

跨境支付是数字贸易中最为关键的环节之一。然而，传统的跨境支付方式通常依赖银行间的中介机构，存在着成本高、时间延迟、手续复杂等问题。随着区块链技术的引入，跨境支付的效率和安全性得到了极大提升。区块链能够通过去中心化的支付系统，直接连接支付方和收款方，从而去除中介环节，降低交易成本和缩短交易时间。

区块链技术能够让交易双方在没有第三方中介的情况下进行直接支付。通过去中心化的方式，区块链不仅提高了跨境支付的速度，还显著降低了费用。传统跨境支付往往需要多家银行和金融机构的参与，支付过程复杂且耗时长，可能需要数天甚至一周时间才能完成。相比之下，区块链技术的应用使跨境支付实现了实时到账，减少了中间环节的摩擦，大大提高了资金流动的效率。

另外，区块链的不可篡改性和透明性为支付双方提供了更高的信任保障。通过智能合约的自动执行机制，支付协议可以在区块链上进行预设和验证，确保支付的安全性和准确性。跨境支付的交易记录在区块链上被永久存储，任何一方都无法篡改，从而确保了交易的真实性和不可改变性。

区块链支付平台如 Ripple、Stellar 等已经被应用于跨境支付领域。通过区块链技术，这些平台能够让全球各地的用户进行低成本、即时到账的跨境支付，大大改善了传统跨境支付费用高和流程繁琐的问题。尤其是对小微企业和个人用户来说，区块链跨境支付提供了一种低成本、快速便捷的支付方式，推动了国际贸易的便利化和普惠性。

（三）区块链在供应链管理中的应用

数字贸易的另一个关键环节是供应链管理。在全球化和数字化进程加速的今天，供应链变得日益复杂，涉及多个环节和跨国交易，如何确保供应链的透明、可追溯、合规以及高效运作，成了数字贸易发展中的一大难题。而区块链技术的引入，正是为了解决这些问题，并提升供应链的运作效率。

区块链技术在供应链管理中的应用，主要体现在以下几个方面。

1. 提高供应链透明度

区块链通过去中心化的账本结构，能够实时记录并追溯每一笔交易和商品的流转路径。无论是原材料采购、生产加工，还是物流运输，每个环节的信息都可以通过区块链进行记录和查询，从而提高供应链的透明度。这对于确保供应链各环节的信息真实可靠，以及防范伪造、劣质商品的流入，起到了积极的作用。

2. 提升商品可追溯性

区块链的不可篡改性使得产品的生产和流通过程完全透明，消费者和供应商都能够追踪商品的来源和去向。这对于食品安全、奢侈品防伪、药品管理等尤其重要。消费者可以通过扫描商品的二维码或条形码，直接查询产品的生产、加工、运输等详细信息，从源头上确保商品的安全性。

3. 自动化和智能化管理

区块链通过智能合约能够自动化执行供应链中的各项操作。例如，智能合约可以在满足预定条件后自动支付货款、触发运输或发货指令，大幅提升了供应链的效率和响应速度。供应链中每个环节的数据都被实时上传到区块链网络中，参与方可以即时获取到信息，减少了因信息滞后而带来的物流误差。

4. 减少欺诈与误差

区块链的去中心化特点减少了中介的干预，避免了数据篡改的风险。此外，供应链中的每个环节都可以通过区块链技术进行审计和验证，有效预防了供应链中的欺诈行为。借助区块链，供应商和消费者之间的信息对称问题得到了显著改善，减少了交易中常见的矛盾和纠纷。

全球很多知名企业，如沃尔玛、IBM 等，已经开始使用区块链技术来优化供应链管理。例如，沃尔玛通过与 IBM 合作，利用区块链技术追溯食品供应链，追踪食品从源头到货架的每一步，确保食品安全和品质。这一创新应用不仅提升了供应链的透明度，也极大地增强了消费者的信任感，推动了整个行业的数字化转型。

（四）区块链在数字货币与支付领域的应用

数字货币是区块链技术在数字贸易中最直观的应用之一。比特币作为第一种区块链驱动的数字货币，成功吸引了全球金融领域的关注。随着比特币的普及，越来越多的数字货币开始涌现，例如以太坊、莱特币、瑞波币等，这些数字货币不仅为数字贸易提供了新型支付方式，还推动了区块链技术的应用和发展。

在数字货币的背景下，区块链为支付提供了更加安全、高效的解决方案。区块链上的支付交易可以直接进行点对点传输，无须通过银行等第三方机构，从而降低了交易成本、加快了交易速度。特别是在跨境支付领域，区块链技术通过连接支付方与收款方，打破了传统支付体系中时间和费用的壁垒。

此外，数字货币还可以通过稳定币（如 USDT、USDC 等）来稳定价格，这使数字货币在国际支付中得到了更广泛的应用。稳定币与法币挂钩，可以有效减少汇率波动带来的风险，为跨境支付提供了一种新的解决方案。比如，在使用稳定币进行跨境支付时，交易双方能够以更低的成本、更加快捷的方式完成支付，避免了传统跨境支付中存在的手续复杂、汇率损失和时间延迟等问题。

在区块链技术的帮助下，数字货币为跨境电子商务、全球供应链及国际贸易等领域提供了更具竞争力的支付手段。全球贸易参与者使用区块链平台进行支付，可以直接进行点对点交易，无须通过金融机构。这种支付方式的无国界特性，使数字货币能够有效促进全球贸易的流通。对于中小型企业来说，它们不再受制于传统支付系统的高昂费用和烦琐手续，更容易参与到全球化数字贸易中。

（五）区块链在数据共享与隐私保护中的应用

数字贸易的一个重要方面是数据共享与隐私保护。在国际贸易过程中，参与方通常需要共享大量敏感信息，包括交易记录、消费者数据、商业合同等，这些信息往往具有很高的隐私性。确保在数据共享的过程中不泄露机密，同时又能保证信息的完整性和透明性，是数字贸易面临的一大挑战。区块链技术具有去中心化和加密特性，能够为数据的共享和隐私保护提供有效的保障。

区块链技术通过加密机制，确保只有授权的人员能够访问敏感信息。数据上传至区块链后，通过私钥和公钥的加密方式，只允许指定的用户查看、修改或验证数据。此外，区块链的不可篡改性使得数据在传输和存储过程中不会被篡改或伪造，从而保证了信息的完整性和真实性。参与方将数据存储在区块链上，无须担心数据在传输过程中丢失或泄露，从而增强了数字贸易中数据交易的安全性。

区块链还支持零知识证明等隐私保护技术。这种技术能够在不泄露个人隐私信息的前提下，验证数据的真实性。在数字贸易中，消费者和供应商都能在保护隐私的前提下进行数据交换和交易，避免了信息被泄露或滥用的风险。例如，在进行跨境电子商务购物时，消费者可以通过区块链提供的加密支付功能，确保个人支付信息的安全，不受黑客攻击或数据泄露的威胁。

同时，区块链技术在数据隐私保护方面也为企业提供了更多的合规性。随着全球范围内数据隐私法规日益严格，尤其是欧盟的《通用数据保护条例》等隐私保护法规的出台，企业在处理消费者和用户数据时必须遵循更为严格的隐私保护要求。区块链技术的去中心化和加密存储功能，有助于企业合规地处理和存储敏感数据，避免了可能的法律风险。

（六）区块链在数字身份认证中的应用

数字身份认证是数字贸易中的另一个重要方面。在传统的国际贸易中，跨境交易的身份验证通常依赖于第三方机构，如银行、政府和信用评级机构等，这些身份验证过程往往复杂且耗时长。随着数字化的推进，数字身份认证成了全球贸易中不可或缺的一部分。区块链技术在这一领域的应用，提供了一种更加安全、便捷和高效的身份验证方案。

基于去中心化的特点，区块链技术可以在没有传统中介机构的情况下验证用户的身份。基于区块链的数字身份认证系统，个人或企业能够通过加密的方式安全地证明其身份，而无须依赖中央机构或中介。这种方式能够有效地降低身份盗用、伪造以及信息泄露的风险，尤其是在跨境交易中，能够提升交易各方的信任度和安全性。

区块链支持的数字身份认证技术，通常通过公钥和私钥的加密机制来实现。个人或企业在区块链上创建一个唯一的数字身份，之后通过智能合约或其他去中心化的身份认证方式，证明身份的合法性。这一过程无须第三方验证，既能提高效率，也能降低认证过程中的成本。在跨境电子商务、国际供应链等领域，区块链技术能够帮助参与方实现快速、安全的身份验证，从而推动数字贸易的发展。

例如，某些国家和地区已经开始使用基于区块链的电子护照和数字身份验证系统，帮助公民在跨国旅行和商务中快速、安全地进行身份认证。未来，随着技术的不断发展，区块链有望成为全球数字身份认证的主流解决方案。

（七）区块链在智能合约中的应用

智能合约是区块链技术的一个重要应用，能够通过程序化的方式自动执行合约条款，减少人为操作失误和潜在错误。智能合约被广泛应用于数字贸易中，特别是在供应链管理、跨境支付和法律合约执行等领域。智能合约的自动化特性使得交易各方可以在没有第三方干预的情况下，实现协议的自动执行，提高了交易的效率和可靠性。

在传统的国际贸易中，合同执行往往依赖第三方中介机构，涉及较高的时间成本和金钱成本。通过区块链技术，智能合约可以自动验证交易是否满足条件，并根据条件自动触发合约执行。这种方式不仅能降低交易成本，还能避免因人为操作失误而导致的风险。

例如，在供应链管理中，企业可以通过智能合约设置自动化的交易规则，当货物运输到达某个节点时，合约会自动执行支付指令，确保交易双方按时履行合同。在跨境支付领域，智能合约能够实现支付的自动结算，确保交易的快速完成，并减少因手工操作或汇率波动而引起的支付问题。

通过智能合约，区块链技术构建了一个更加高效、安全、透明的全球贸易环境，推动了数字贸易的进一步发展。随着智能合约技术的完善和应用场景的拓展，区块链有望成为未来数字贸易领域不可或缺的一部分。

区块链技术在数字贸易中的应用，正逐步改写全球经济的运行规则。它不仅优化了交易流程，降低了成本，还提升了交易的安全性和效率。在数字贸易不断发展的背景下，区块链技术无疑将发挥更加重要的作用，推动全球数字经济向更高层次、更广阔的领域发展。

三、数字贸易与中小型企业的发展

随着全球数字化转型的深入，数字贸易正在迅速成为全球经济的重要组成部分。在这个过程中，中小型企业作为全球经济的重要力量，面临着前所未有的机遇与挑战。数字贸易不仅为中小型企业提供了开拓国际市场的全新途径，也为跨境交易提供了更为透明和安全的操作环境。然而，受自身规模、资金及技术等方面的限制，中小型企业在数字贸易中仍面临着许多难题。因此，深入探讨数字贸易如何促进中小型企业的发展、如何突破数字贸易中的种种挑战，具有重要的学术意义和实践意义。

（一）数字贸易为中小型企业提供的新机遇

在传统贸易模式下，中小型企业要进入国际市场往往需要突破资金、渠道、信息获取和技术等多方面的障碍。然而，数字贸易打破了传统贸易中地理和时空的限制，为中小型企业提供了前所未有的发展机会。随着互联网技术的普及、电子商务平台和跨境支付系统的迅速发展，越来越多的中小型企业能够以较低的成本进入全球市场。数字贸易不仅降低了中小型企业的市场准入门槛，还极大地提高了其在国际市场上的竞争力。

在数字化背景下，跨境电子商务成为中小型企业开拓国际市场的重要渠道。借助阿里巴巴、亚马逊、eBay 等全球电子商务平台，中小型企业无须大量投入便能够将产品销售到世界各地。电子商务平台提供了一整套完整的解决方案，包括产品展示、交易支付、物流配送、客户服务等，中小型企业在电子商务平台上展示其产品并处理订单即可。此外，电子商务平台的支付功能还解决了跨境支付问题，使中小型企业能够快速、安全地进行全球交易。这些因素使中小型企业能够以更低的成本、更高的效率参与到全球市场竞争中。

除了跨境电子商务，数字贸易还使中小型企业能够通过网络营销、社交媒体等渠道与国际消费者建立联系。通过社交媒体平台（如 Facebook、Instagram、LinkedIn 等），中小型企业能够直接与目标市场的消费者进行互动，了解消费者需求并定制产品和服务。这种基于数据和信息的精准营销，能够大幅提升中小型企业的市场响应能力和客户黏性，从而推动其在国际市场上快速发展。

（二）数字化平台对中小型企业的支持

数字贸易的快速发展离不开各类数字化平台的支持。这些平台为中小型企业提供了技术支持、市场渠道和共享资源等。例如，全球化的支付平台（如 PayPal、Stripe、支付宝等），使中小型企业能够便捷地进行跨境支付和结算，解决了传统支付中的种种复杂问题。这些支付平台不仅提高了支付的效率和安全性，还降低了资金结算的风险，使中小型企业能够更加灵活地开展国际贸易。

此外，供应链管理系统、仓储管理系统、物流跟踪系统等技术平台的应用，进一步提高了中小型企业的运营效率和服务质量。利用这些平台，中小型企业能够实时了解商品的运输状态，精准预测货物到达时间，从而加强库存管理和优化生产计划。这不仅降低了供应链管理的成本，还提升了中小型企业的响应速度，使其能够在竞争激烈的国际市场中保持竞争力。

在大数据和人工智能的支持下，越来越多的中小型企业开始借助数据分析平台优化其经营决策。通过大数据技术，企业能够更好地了解消费者的行为、兴趣及偏好，从而为产品研发、市场定位和定价策略提供数据支持。人工智能技术可以为客户服务、物流配送、广告投放等提供智能化解决方案，从而大幅提高中小型企业的运营效率。

（三）中小型企业在数字贸易中面临的挑战

尽管数字贸易为中小型企业带来了诸多机遇，但中小型企业在数字贸易中仍面临不少挑战。

1. 技术门槛和资金问题

虽然数字平台为中小型企业提供了许多便利，但很多企业由于缺乏足够的技术支持和资金投入，仍然难以有效地参与数字贸易。部分中小型企业在信息技术方面的投入不足，导致无法充分利用大数据、云计算、人工智能等先进技术，进而影响其市场竞争力。

2. 数字贸易带来的全球竞争压力

在传统贸易中，中小型企业的市场竞争往往局限于本地或区域市场。而在数字贸易环境下，市场的竞争范围已经扩大至全球。这意味着，中小型企业不仅要与本地的竞争对手竞争，还要面对来自其他国家和地区的企业的挑战。对于大部分中小型企业来说，如何在激烈的全球竞争中脱颖而出，是一个迫切需要解决的问题。

3. 跨境物流和支付问题

尽管目前许多数字化平台和支付系统为中小型企业提供了跨境支付解决方案，但不同国家在支付体系、货币汇率、税务政策等方面的差异，使中小型企业在进行跨境支付时遇到了一定的障碍。此外，跨境物流的复杂性和高成本也是中小型企业在全球供应链中面临的困境之一。对于那些规模较小、资金较紧张的企业来说，如何解决跨境物流的高成本和时效问题，是一大挑战。

（四）政策支持与未来发展

为了促进中小型企业在数字贸易中更好地发展，越来越多的国家和地区已经出台了相关政策，旨在为中小型企业提供更加有利的数字化转型环境。这些政策通常包括财政补贴、税收优惠、技术培训、信息服务等，旨在帮助中小型企业克服技术、资金和市场准入等方面的障碍。例如，中国出台的"互联网＋"战略和提出的共建"一带一路"倡议，就为中小型企业的数字化转型提供了政策支持和市场机遇。类似的政策在其他国家也不断涌现，旨在通过政府主导的数字化转型，助力中小型企业更好地融入全球贸易体系。

同时，随着全球数字化水平的不断提高，跨境电子商务和数字贸易的监管体系也在不断完善。为了更好地保护中小型企业在数字贸易中的权益，许多国家和国际组织开始加强对数字贸易规则的制定与实施。例如，WTO 正在推动制定数字贸易的全球规则，以确保跨境数据流动、隐私保护、电子支付等方面的法律合规性。这些举措将为中小型企业提供更加规范和透明的数字贸易环境，降低它们在跨境交易中面临的法律风险和合规压力。

未来，随着 5G、人工智能、物联网等新兴技术的不断发展，中小型企业在数字贸易中的参与度将进一步提升。通过这些新技术，中小型企业可以更加智能地管理生产、销售、物流和客户服务等各个环节，从而提高效率、降低成本并增强竞争力。此外，全球供应链的数字化和区块链技术的应用，也将为中小型企业提供更加便捷、安全的跨境交易环境，并带来更多的发展机会。

总的来说，数字贸易为中小型企业带来了前所未有的发展机遇，同时也带来了技术、竞争、支付和物流等方面的一系列挑战。通过政策支持、技术创新以及全球数字化趋势的推动，中小型企业有望在数字贸易的浪潮中实现跨越式发展，为全球经济增长贡献更大的力量。

第三节　数字贸易的实践

一、数字贸易的国际实践

随着全球化的深入和互联网技术的迅猛发展，数字贸易已经成为全球贸易的重要组成部分。数字贸易的国际实践不仅展示了全球各国在数字经济领域的不同发展路径和探索，也反映了全球合作与竞争的复杂格局。从跨境电子商务平台到全球支付系统，从国际数据流动到数字服务的提供，各国通过各种数字化手段推动了全球经济的发展，构建了互联互通、协同共赢的全球贸易新生态。

（一）全球数字贸易的蓬勃发展

数字贸易的核心要素是数字化产品、服务及数据的跨境流动。它突破了传统贸易的地域限制，使商品、技术、资本等要素能够更加自由、快速地流动。尤其是在新冠疫情后期，全球经济逐步进入数字化转型的加速期，数字贸易呈现出前所未有的增长势头。根据 WTO 的统计，全球数字贸易的交易额年均增长率远超传统货物和服务贸易，数字贸易的比重逐渐接近甚至超越了全球货物贸易的比重。

数字贸易的快速发展不仅仅表现为跨境电子商务的快速增长，也涵盖了许多新的领域，如数字支付、数据流动、云计算、人工智能以及远程医疗等。这些新兴领域的创新推动了全球贸易方式的改变，也影响着全球经济的运行模式。许多国际组织和跨国公司在全球范围内推动了数字贸易规则的建立，跨境电子商务平台如阿里巴巴、亚马逊等，这些巨头巨头连接了全球的消费者和供应商，极大地提升了国际贸易的效率和透明度。

（二）全球规则和政策的推动

国际数字贸易的快速发展离不开全球范围内的政策支持和规则制定。国际组织和多边机构在推动数字贸易发展方面发挥着重要作用，尤其是 WTO、联合国贸易和发展会议和 OECD 等组织，通过合作和协调为全球数字贸易创造了有利的政策环境。

WTO 在数字贸易的规则建设上起到了关键性作用。随着全球电子商务和跨境数字服务的不断发展，WTO 对"数字贸易"进行了专题讨论，逐步形成了一系列关于数据流动、隐私保护、跨境支付等领域的全球规则。虽然全球数字贸易规则尚未完全成熟，但通过国际组织的合作，全球范围内对数字贸易的监管逐步趋于统一，为跨境交易提供了更加清晰和稳定的政策框架。

在区域层面，多个国际经济组织也在积极推动数字贸易的区域化发展。亚太经济合作组织在促进数字贸易方面做出了突出贡献。亚太经济合作组织通过一系列数字化合作项目，不仅促进了成员国在数字经济领域的合作，也推动了电子商务政策的统一，提升了区域内中小型企业的全球竞争力。

（三）数据流动与数字主权的争议

随着全球数字贸易的加速发展，数据流动的跨境监管问题逐渐成为国际社会关注的焦点。数据作为数字贸易的核心资产，如何在不同国家和地区之间流动成为制约数字贸易发展的一个重要因素。在一些国家，特别是欧盟，数据保护和隐私问题的讨论愈加热烈。欧盟的《通用数据保护条例》是全球首部针对数据保护的法规，对全球数字贸易产生了深远影响。该条例通过严格的数据隐私保护要求，设立了跨境数据流动的高门槛，虽然有效保护了欧盟公民的隐私安全，但也对国际数字贸易的流畅性带来了一定的挑战。

与此相反，一些国家和地区采取了更加宽松的政策，支持数据的自由流动。美国、日本、新加坡等国家采取的数字主权政策强调了数据的流动性和自由性，支持数据跨境传输而不设立过多障碍。这种政策的实施促进了数字技术的快速发展，也推动了数字经济的全球化进程。

各国对于数据流动的不同态度和法规，是国际数字贸易中的一个主要争议点。各国在推动数字经济发展时，如何平衡数据保护与贸易自由之间的矛盾，将直接影响全球数字贸易的未来走向。

二、数字贸易的区域实践

在全球化进程加速的背景下，数字贸易的迅猛发展不仅推动了国际贸易的深刻变革，也在不同地区产生了不同的影响和实践经验。区域间的数字贸易实践在跨境电子商务、数字支付、数据流动以及知识产权等多个领域都呈现出不同的特征和发展模式。特别是在亚太地区、欧洲和北美等重要经济区域，数字贸易的发展不仅促进了区域经济的融合，也推动了全球贸易规则的创新与完善。

（一）亚太地区的数字贸易实践

亚太地区是全球数字贸易发展最为迅速的地区之一。在这一地区，数字化转型已经渗透到各个经济领域，尤其是跨境电子商务、数字支付、物流体系等领域，呈现出高度的创新性和全球竞争力。中国、韩国、日本、新加坡、印度等国家在数字贸易方面均取得了显著进展，并在全球数字贸易体系中占据重要位置。

中国是全球最大的数字贸易市场之一。依托强大的制造能力和日益完善的数字基础设施，中国的跨境电子商务平台在全球范围内迅速扩展。阿里巴巴、京东、拼多多等平台不仅在国内市场取得了成功，而且进入了东南亚、欧洲、非洲等新兴市场。中国的跨境电子商务企业通过数字化手段消除了贸易壁垒，实现了与全球消费者的即时对接，提升了全球市场的覆盖率和竞争力。与此同时，支付宝、微信支付等数字支付平台的全球化布局，使得跨境支付更加便捷和安全，为中国的数字贸易注入了强大动力。

韩国和日本在数字贸易的技术创新和应用方面也走在世界前列。韩国凭借强大的信息技术产业，推动了跨境电子商务和数字支付体系的完善，进一步加强了与全球市场的互动。日本则注重数字服务的出口，尤其是在数字娱乐、动漫、游戏等领域，通过数字平台为全球消费者提供了丰富的内容服务。同时，随着5G技术的快速发展，亚太地区的数字贸易将进入高速发展的新阶段，数字化产品和服务的交换将更加便捷、高效。

新加坡则是亚太地区数字贸易的一个典范。新加坡作为全球金融中心和物流枢纽，通过推行开放的数字贸易政策和加强数字基础设施建设，成功吸引了大量跨国公司和创新型企业。在数字支付领域，新加坡积极推动无现金社会的建设，许多国际数字支付平台和区块链项目在新加坡开展了试点和运营。此外，新加坡政府还通过制定有利的政策和法规，推动区域内各国在数据流动、跨境电子商务和数字贸易规则方面的协调与合作，为数字贸易的发展营造了良好的政策环境。

印度在数字贸易领域的快速崛起也不容忽视。尽管面临基础设施落后、法律环境复杂等挑战，但印度通过政府的积极推动和数字平台的快速发展，逐渐成为全球数字服务的重要提供者。特别是在软件外包、技术支持和互联网服务等领域，印度凭借庞大的IT人才库和创新能力，在全球数字贸易中占据重要位置。近年来，印度政府积极推进"数字印度"计划，通过提升互联网普及率、加强数字支付平台建设、推动电子商务的发展，为本国的数字贸易发展提供了强有力的支持。

（二）欧洲地区的数字贸易实践

欧洲地区的数字贸易实践具有独特性。欧盟的整体数字市场为区域内的数字贸易发展提供了一个统一的政策框架，同时也在全球范围内树立了数字经济发展的典范。欧盟通过推动数字单一市场的建设，促进了跨境电子商务、数字服务和数据流动等方面的整合，提高了区域内企业的全球竞争力。

欧洲的跨境电子商务市场不断发展壮大。尤其是在英国、德国、法国等主要经济体中，跨境电子商务平台逐渐形成了较为完善的业务生态链。这些平台通过数字化手段，突破了地域限制，逐步吸引了来自全球各地的消费者。欧洲的跨境电子商务平台不仅关注商品的交易，也加强了数字服务（如数字广告、数字内容创作、在线教育等领域的创新服务）的提供，通过技术提升消费者体验，推动数字贸易的发展。

然而，欧盟在数字贸易发展过程中也面临着一些挑战，特别是有关数据主权和隐私保护的法律法规的制定方面。例如，《通用数据保护条例》的实施，对全球数字贸易产生了深远影响。《通用数据保护条例》强调用户隐私保护和数据主权问题，使得跨境数据流动和个人数据的处理必须遵守严格的规定。这一政策不仅影响了欧盟内部的企业，也对跨境数据流动造成了阻碍。尽管如此，《通用数据保护条例》也为全球数字贸易规则的制定提供了宝贵的经验，尤其是在数据隐私保护和数据主权方面，欧盟的做法为其他地区提供了可借鉴的模式。

在欧洲，数字支付领域持续创新。欧盟国家普遍将欧元作为流通货币，统一的支付系统为跨境电子商务的支付提供了便利。同时，随着金融科技的快速发展，欧洲的数字支付平台也在不断创新，推动了在线支付和移动支付的普及。欧洲各国将创新金融产品和支付工具相结合，打造了一个互联互通的支付体系，极大地保障了数字贸易的顺畅进行。

（三）北美地区的数字贸易实践

北美地区特别是美国，在数字贸易领域占据全球领先地位。美国不仅拥有全球最大的互联网公司（如谷歌、亚马逊、Facebook 等），而且在技术创新、数字支付、云计算和大数据等方面都处于世界领先水平。美国的跨境电子商务平台和数字支付工具广泛应用于全球贸易，帮助许多中小型企业迅速扩大国际市场份额。

美国的跨境电子商务生态系统具有独特的优势。亚马逊作为全球最大的电子商务平台之一，其全球销售网络覆盖了包括北美、欧洲、亚洲在内的多个市场。亚马逊通过高度整合的供应链体系和高效的物流管理，将全球买家与卖家连接起来，显著降低了跨境交易的成本和难度。此外，亚马逊提供的云计算服务和数字支付工具（如 Amazon Pay）为全球客户提供了便捷的技术支持，推动了全球数字服务的快速发展。

美国还通过建立全球化的数字支付体系为跨境电子商务的发展提供了便利。PayPal 等电子支付工具的全球普及，不仅为美国企业进入全球市场提供了便捷的支付手段，也为全球消费者提供了更加安全、快捷的支付方式。随着加密货币和区块链技术的进一步发展，美国的数字支付体系正在发生深刻变革，特别是在跨境支付、金融科技创新等方面，美国的数字支付技术无疑处于全球领先地位。

在数字贸易的规则建设方面，美国一直积极推动全球贸易的自由化，并通过各种渠道影响全球数字贸易政策的制定。美国通过与其他经济体开展双边或多边合作，推动数字贸易自由化，特别是在跨境数据流动、知识产权保护和电子商务政策方面，积极倡导降低贸易壁垒，促进全球数字贸易的繁荣。

总体而言，区域数字贸易的实践展示了不同地区在数字经济和全球数字贸易体系中的不同发展路径和贡献。随着各国政府和企业在数字化转型方面的持续投入和创新，区域数字贸易将继续推动全球贸易的变革，促进全球经济的互联互通与共同发展。

第七章

区域经济一体化与国际贸易

第一节　区域经济一体化概述

一、区域经济一体化的定义与类型

（一）区域经济一体化的定义

　　区域经济一体化是指在地理上相邻或具有相似经济结构的多个国家或地区，通过协商、合作与政策协调，实现贸易、投资、资源流动、市场整合等多方面的深度融合，以提高整体经济效益和区域竞争力的过程。经济一体化不仅仅是各国间消除贸易壁垒的简单过程，更是通过制度、政策和结构性调整，推动区域内的经济、政治和社会各层面的综合性合作与发展。区域经济一体化的根本目标是通过深化经济合作，提升区域内各国的经济增长潜力，同时增强整个区域在全球经济中的影响力。

　　这一进程通常涉及多个层次和阶段，从初步的自由贸易协定到完全的经济联盟，依赖于区域内各国间的政治意愿、形成经济利益共同体，以及解决利益冲突的能力。在全球化背景下，区域经济一体化不仅促进了区域内经济的增长，还在某种程度上推动了全球经济治理结构的演变。

（二）区域经济一体化的类型

区域经济一体化的模式多种多样，具体的形式通常取决于合作的深度和各参与国之间的利益分配。根据合作的程度和目标，区域经济一体化可以分为以下几种类型。

1. 自由贸易区

自由贸易区是最基础的一种区域经济一体化形式。其核心特征是成员国之间通过削减或取消关税、非关税壁垒和其他贸易壁垒，促进商品、服务的自由流动。自由贸易区的主要目标是提升区域内贸易的便利性和竞争力，降低贸易成本，但通常不会涉及其他政策领域的深度协调或统一。各成员国仍然可以保持独立的对外贸易政策和关税制度。

北美自由贸易区就是一个典型的自由贸易区，促进了美国、加拿大和墨西哥之间的贸易，但每个成员国依然保持独立的对外贸易政策。此外，东南亚国家联盟也签订了自由贸易协定，建立自由贸易区，促进了成员国之间的商品和服务贸易。

尽管自由贸易区推动了成员国之间的经济增长，但其缺乏进一步的政策协调，可能导致在税收、环境保护等领域的政策冲突。各国可以保持独立的政策体系，意味着成员国之间在其他经济领域的整合程度较低。

2. 关税同盟

关税同盟比自由贸易区更加深入，除了取消内部的贸易壁垒，成员国还会在对外贸易中采用统一的关税和贸易政策。关税同盟的目标是通过在区域内部的贸易自由化以及统一对外关税，降低交易成本，提高整体的市场效率。与自由贸易区不同，关税同盟要求各成员国就对外贸易实行一致的政策，消除内部贸易壁垒，并在某些领域进行更多的政策协调。

例如，欧盟最初便采用了关税同盟的形式，成员国之间不仅免除关税，还共同制定了对外贸易政策，进一步推动了经济一体化。然而，随着欧盟的不断发展，关税同盟的形式逐渐发展为更为复杂的经济和货币联盟。

关税同盟的优势在于能够更有效地协调对外贸易政策，提升成员国的整体竞争力和对外议价能力。但其也面临很大的挑战，尤其是在成员国的经济、社会政策差异较大的情况下，协调各国的政策以及处理不同国家之间的利益冲突是非常复杂的任务。

3.共同市场

共同市场在关税同盟的基础上进一步深化，不仅消除了成员国之间的关税壁垒，还实现了资本、劳动力、服务等要素的自由流动。共同市场要求成员国在多个政策领域进行协调与整合，包括劳动法、资本流动、服务行业的自由化等。这种一体化形式要求成员国在经济政策方面有较高的协调性，使得经济一体化的效果更为显著。

欧洲经济共同体是一个典型的共同市场。在这一框架下，除了商品的自由流通，还实现了劳动者在各国之间的自由流动，资本和服务的市场也逐步开放。这一深层次的经济合作使得欧洲在全球经济中逐渐占据重要地位。

共同市场的优势在于通过促进要素的流动，提升了资源配置的效率，进一步增强了区域内经济体的整体竞争力。然而，跨国政策协调的复杂性和成员国之间经济差异所带来的挑战，使得共同市场在实际操作中难度较大。例如，不同成员国的税收政策、劳工法规等，可能影响到市场的整合效果。

4.经济联盟

经济联盟是区域经济一体化最深层次的表现形式，通常涉及货币、财政政策以及社会政策的高度一体化。经济联盟要求成员国之间不仅要在贸易领域实现完全的自由化，还要在政策和法规上进行深度整合，通常要建立共同的货币体系。经济联盟的成员国之间通常共享一个市场，实行统一的贸易、税收、货币和财政政策。

欧盟是当前全球最典型的经济联盟之一。欧盟的成员国不仅享有商品、服务、劳动力和资本的自由流动，还在许多经济领域实现了深度的政策协调，诸如统一的货币体系（欧元区）、共同的农业政策、环境保护法规，都体现了经济联盟的特征。欧盟的经济一体化不仅涉及市场的开放，还包括成员国在国内外政策方面的高度一致性。

经济联盟的最大优势在于通过更为紧密的政策整合，大幅提升了区域经济的整合度，增强了区域经济在全球范围内的竞争力。然而，经济联盟也面临着极大的挑战，尤其是成员国之间在政策、文化、经济水平等方面的差异，可能使整体的一体化进程受到阻碍。此外，经济联盟对各成员国主权的限制也可能引发国家间的政治摩擦，影响一体化的稳定性。

二、区域经济一体化对国际贸易的影响

（一）提升区域内贸易自由化水平与市场效率

区域经济一体化通过消除或降低贸易壁垒，极大地推动了区域内贸易的自由化。无论是自由贸易区、关税同盟，还是经济联盟，成员国之间的贸易壁垒被削减甚至完全消除，使商品、服务和资本的流动变得更加顺畅。这样的自由化不仅促进了各国市场的开放，还提高了跨国企业的竞争力，实现了资源的最优配置。在区域内，企业可以更加便利地进入其他成员国的市场，从而获得规模效应和更低的交易成本。对于消费者来说，低关税和更多的进口选择意味着可以享受更多种类和价格更具竞争力的商品与服务。

与此同时，区域经济一体化还通过政策协调进一步提高了市场效率。在关税同盟和共同市场的框架下，成员国不仅对内实施零关税或较宽松的关税政策，还在一些非关税壁垒（如配额、标准、认证等）上进行标准化。由此，贸易的复杂性和交易成本大幅降低，促进了区域内产业链的纵向整合和国际分工。

区域经济一体化特别有利于推动内向型贸易的增长。这种内向型贸易主要指区域内成员国之间的贸易，尤其是对于中小型经济体，它们在全球贸易中常常处于边缘地位。通过区域经济一体化，这些国家不仅能够增强市场准入能力，还能够借助区域内资源的共享，提升产品的竞争力，形成互补的经济体系。

（二）促进全球供应链的深度整合

随着区域经济一体化的深入，全球供应链的整合程度也在不断提高。现代

国际贸易不再仅仅依赖单一国家的生产，而是通过跨国公司和跨区域合作形成全球化的生产网络。在这种网络中，产品和零部件的生产跨越多个国家和地区，逐步形成了全球范围内的产业链条。区域经济一体化为这一过程的顺利进行提供了必要的支持和保障。

在一个自由贸易区或关税同盟内，企业更容易在不同国家之间配置资源，采购原材料和零部件，甚至在不同国家建立生产基地。这不仅有效降低了生产成本，还提高了生产效率和创新能力。企业在区域经济一体化过程中，能够更好地利用各国之间的差异，明确分工，形成强有力的产业链，增强产品的竞争力。这种供应链的深度整合，不仅加速了区域内生产的现代化，还加深了国际市场对这些区域生产的依赖，进一步提升了这些区域在全球经济中的话语权。

例如，亚洲的产业链在近年来通过区域经济一体化实现了深度融合。东南亚国家联盟，中国、日本和韩国的自由贸易协定等推动了区域内供应链的构建。以电子产品为例，许多组件的生产从中国、韩国等地流向东南亚，再通过自由贸易区的优惠政策出口到全球。这样的全球供应链合作模式，不仅带动了区域内贸易的增长，还使区域经济更好地融入全球贸易体系。

（三）改变全球贸易格局与竞争格局

区域经济一体化的推进，显著改变了全球贸易格局。在全球化进程中，一些区域经济体通过一体化加强了彼此之间的经济联系，成为全球经济的重要引擎。区域内的经济一体化加深了各国的经济依赖程度，使这些国家在全球经济中的地位愈加凸显。

一方面，区域经济一体化使成员国之间的经济协作更加紧密，区域内的贸易量持续增长，从而增强了整个区域的市场需求和生产能力。另一方面，随着这些区域经济体内部市场的不断扩大，它们对于外部市场的吸引力日益增强。区域经济一体化带来的规模效应和市场统一化，使这些区域经济体在全球贸易体系中的竞争力得到提升。

欧盟的建设就是区域经济一体化影响全球贸易格局的典型案例。欧盟的成立不仅加强了成员国间的贸易合作，也让欧洲在全球贸易中成为一个重要的经济体。通过统一的政策、统一的市场以及统一的贸易规则，欧盟在全球范围内与其他大经济体（如美国、中国等）形成了更加平等的竞争关系。在某些领域，欧盟凭借强大的经济一体化力量，能够在国际谈判中占据主动地位，推动全球经济治理向有利于自身的方向发展。

对于发展中国家来说，区域经济一体化带来了更好的机遇。加入区域经济一体化组织后，发展中国家不仅能借助降低关税和非关税壁垒来促进本国出口，还能通过获取外部投资、吸引全球企业入驻，提升其生产能力和国际市场竞争力。在这个过程中，发展中国家往往能利用区域经济一体化的优惠政策、加强基础设施建设，推动产业结构升级，从而提升整体经济水平。

（四）优化跨国企业的全球布局

随着区域经济一体化的深入推进，跨国企业的全球布局和资源配置方式也发生了深刻的变化。在经济一体化的框架下，跨国企业能够在区域内更加便捷地进行生产、投资和技术创新。区域内消除关税壁垒和实现政策协调，使跨国企业能够在各国之间实现更灵活的资本、技术和劳动力流动，进一步降低生产成本和投资风险。

具体来说，区域经济一体化促使跨国公司将生产和分销环节分散到不同国家，以便更好地利用各地的资源优势。在一体化区域内，企业通过利用自由流动的劳动力和资本，在不同国家或地区设立研发中心、生产基地和分销渠道，从而实现全球资源的优化配置。借助区域内的统一市场和共同的贸易政策，跨国企业能够降低交易成本，提升全球竞争力。

例如，在欧盟的框架下，跨国公司可以自由地将生产和销售活动分布在欧盟成员国之间，无论是在德国设立生产工厂，还是在法国建立销售网络，都可以享受区域内的优惠政策和市场准入便利。通过这种方式，企业可以在保证产品质量和降低生产成本的同时，提升产品在全球市场的竞争力。

（五）对全球贸易规则的影响

区域经济一体化不仅改变了区域内的贸易模式，还对全球贸易规则的形成产生了深远影响。随着区域经济体的不断发展，它们逐渐在全球贸易规则的制定中占据了更加重要的地位。区域经济一体化的推进，使区域内的国家在 WTO 框架之外，开始主导部分贸易规则的制定。

这些区域性规则不仅在一定程度上影响了全球贸易的流向，还推动了全球贸易的结构性变化。随着区域经济体的规模不断壮大，区域性贸易协定逐渐成为全球贸易的一部分。这些区域性协议能够推动贸易、投资和经济合作的高效运作，同时也为全球贸易开辟了新的增长点。

例如，RCEP便是东亚及太平洋地区多国签署的重要区域贸易协定。该协定不仅促使区域内成员国之间的贸易流通更加顺畅，还推动了贸易规则的创新，并对全球贸易模式产生了重要影响。随着该协定的逐步实施，参与国的经济增长潜力和贸易竞争力得到了大幅提升，进而推动了全球贸易体系的变革。

总之，区域经济一体化对国际贸易的影响深远而复杂。它不仅通过促进区域内的贸易自由化、提高市场效率、增强全球供应链整合、推动了区域经济的增长，还深刻改变了全球贸易格局，促进了跨国企业全球布局的优化。在这个过程中，区域经济一体化成为推动国际贸易向更加开放、自由和高效的方向发展的重要力量。

三、区域经济一体化的历史与现状

（一）区域经济一体化的起源与早期发展

区域经济一体化的概念源于20世纪初期，特别是在两次世界大战之后，全球经济秩序发生了巨大变化。国家之间的贸易壁垒逐步被打破，各国开始意识到，单一国家的发展已无法满足全球化进程的需求。因此，国家间经济合作的需求变得愈加迫切，区域经济一体化作为一种促进区域内部贸易和经济增长的手段应运而生。

区域经济一体化的最早实践是在欧洲。"二战"后，欧洲各国逐步认识到，只有通过经济合作才能确保地区的稳定与复苏。1951年，欧洲煤钢共同体（ECSC）的成立标志着区域经济一体化的初步尝试。这一举措旨在通过共享战略性资源（如煤炭和钢铁）来缓解战后欧洲的紧张局势，同时为区域经济合作铺平道路。1957年《罗马条约》的签署，标志着欧洲经济一体化迈出了更为重要的一步，成立了欧洲经济共同体，并在接下来的几十年里通过扩大成员国和深化经济合作，逐步建立起欧盟。

与此同时，其他地区也开始了区域经济一体化的探索。拉丁美洲的区域经济一体化起步较晚。但通过拉美自由贸易区（LAFTA）等协定的签署，拉美地区开始了自身的经济合作历程。东南亚国家联盟则通过促进成员国间的经济合作和区域稳定，推动了东南亚的经济一体化进程。

在非洲，区域经济一体化也成了发展中国家实现经济合作与增长的路径之一。通过成立非洲经济共同体和其他区域组织，非洲各国开始加强经济合作，这一进程尽管较为缓慢，但为后来的区域经济一体化奠定了基础。

（二）区域经济一体化的多样化发展模式

随着全球化进程的加速，区域经济一体化的形式也变得多样化。区域经济一体化不仅仅涉及关税减免和市场一体化，还涉及更加复杂的经济政策协调、法规统一、技术合作以及投资流动等多个领域。根据合作的深度与广度，区域经济一体化可以分为不同的层次。

区域经济一体化最基本的形式是自由贸易区。自由贸易区通过取消成员国间的关税壁垒来促进商品和服务的自由流动，但成员国可以保留对非成员国的独立贸易政策。典型的例子有北美自由贸易区，它帮助成员国实现了区域内贸易自由化，促进了跨境贸易和投资流动。

关税同盟在自由贸易区的基础上进一步加深了合作。它要求成员国不仅要消除内部的关税，还要统一对外的关税政策。欧洲经济共同体在1957年签署《罗马条约》时，便确立了关税同盟的基本框架。关税同盟的优势在于能够减少成员国之间的竞争性关税，并通过统一的关税政策增强对外经济交往的统一性。

经济联盟是区域经济一体化的更高级形式。它不仅包括自由贸易区和关税同盟的内容，还要求成员国之间协调经济政策，甚至实现某些领域的统一标准与法规。例如，欧盟在成立后逐步推进了经济和货币一体化，特别是欧元区的建立，反映了欧洲在经济一体化方面的深入发展。

此外，区域性经济合作还可以表现为更为多元化的形式，如 RCEP、CPTPP

等新型区域经济合作协定。这些协定不仅强调商品贸易自由化，还包括服务贸易自由化、投资自由化、技术转让自由化等多方面内容，进一步拓展了区域经济合作的深度和广度。

（三）区域经济一体化的关键发展节点

20世纪90年代，随着"冷战"的结束和全球经济一体化的加速发展，区域经济一体化的步伐显著加快。特别是1994年《北美自由贸易协议》的签署，不仅标志着北美地区一体化的加速，还对全球其他地区的区域经济合作起到了示范作用。随后，更多的国家和地区开始探索类似的区域合作模式。

与此同时，欧洲的经济一体化也在持续推进。1992年，《马斯特里赫特条约》的签署，标志着欧洲国家在政治、经济和货币领域实现了进一步的一体化。欧元区的建立使欧洲不仅成为全球经济的重要组成部分之一，而且提升了区域内经济治理的效率和政策协同能力。欧盟在金融危机后的复苏与改革，进一步证明了区域经济一体化在应对全球性挑战中的重要作用。

东南亚地区的经济一体化进程也在加速，尤其是通过东盟自由贸易区和东盟经济共同体的建设，东南亚国家在货物、服务和投资的自由流动上取得了显著成就。东盟经济共同体通过加强内部经济合作，并与其他国家和地区签署自由贸易协定，推动了区域内经济的共同发展和竞争力的提升。

中国在加入WTO后，积极推动与周边国家的经济合作，成立了中国—东盟自由贸易区，并在共建"一带一路"倡议下深化与共建国家的经济一体化合作。这些努力为区域经济一体化提供了更多的动力和实践案例。

（四）当前区域经济一体化面临的挑战与机遇

进入21世纪后，区域经济一体化虽然取得了诸多成果，但也面临着一系列挑战。全球化和区域化的双重压力、贸易保护主义的抬头、国家利益的矛盾和政策协调的复杂性，都对区域经济一体化造成了挑战。例如，近年来，美国的"美国优先"政策使得《北美自由贸易协议》面临重新谈判，而英国脱欧则对欧盟的一体化进程带来了巨大的冲击。

此外，随着全球市场的日益复杂化，区域经济一体化不仅要解决贸易壁垒问题，还需要在全球供应链、技术转移、数据流动、绿色经济等新领域进行深入合作。新的区域经济协议如 CPTPP 和 RCEP，便在此背景下应运而生。

数字经济的崛起为区域经济一体化带来了新的机遇。随着电子商务、数字贸易、跨境支付等领域的快速发展，区域经济一体化不再局限于传统的商品与服务贸易。数字技术成为推动区域经济一体化的新动力。区域经济合作通过加速数字技术的共享和应用，推动了区域内各国的数字基础设施建设，并促进了区域内企业间的数字经济合作。

与此同时，全球经济的区域化也为区域经济体提供了更强的合作平台。通过区域经济一体化，发展中国家不仅能够获得更多的市场机会，还能通过合作促进本国经济的现代化，特别是在高科技、金融、服务业等领域取得了长足进步。

四、区域经济一体化的未来趋势

（一）全球化与区域经济一体化的相互作用

随着全球化进程的深入，区域经济一体化的未来趋势呈现出新的变化。过去，全球化主要表现为贸易和投资的自由流动，全球市场在一定程度上趋于统一。然而，近年来，全球化面临着诸多挑战，如贸易保护主义的抬头、国际政治局势的不稳定，以及新兴市场的崛起等。这些因素使得国家和地区在一定程度上开始重视区域经济一体化，期望通过深化内部合作来应对外部压力和不确定性。

全球化与区域经济一体化之间的关系复杂而微妙。尽管全球化强调跨国的开放和自由流动，但区域经济一体化的兴起反映了区域内部加强合作的重要性。区域经济一体化不仅是全球经济体系中的一个重要环节，也为各地区在全球化进程中提供了应对挑战、提升自身竞争力的有效途径。尤其在数字经济、供应链管理、绿色发展等新领域，区域经济一体化为各国提供了通过内部合作来提升全球竞争力的机会。

随着世界经济面临的不确定性增加，区域经济一体化在全球经济中的重要性愈加突出。在全球经济体系中，区域经济体通过强化内部合作，逐步成为全球经济增长的推动力。各地区的贸易协定如 RCEP、CPTPP 和欧盟的经济一体化等，不仅是为了应对全球经济的挑战，也是在塑造新的全球经济格局。

（二）数字经济对区域经济一体化的推动作用

数字经济的迅猛发展为区域经济一体化提供了新的动能。随着信息技术的进步，数字技术成为全球经济的重要推动力。数字经济突破了传统贸易和投资的局限，推动了全球价值链的重构，也促使各国在推进区域经济一体化时，逐步将数字化合作纳入议程。各国在促进数字技术创新、完善数字基础设施、促进数字流通等方面逐步达成共识，为区域经济一体化注入了新的动力。

数字经济带来的变革深刻影响着各国经济的竞争力，区域经济一体化作为数字经济发展的重要平台，为各国之间的数字化合作提供了契机。在这一过程中，各区域经济体将着力推动数字化产品和服务的自由流动，推动跨境电子商务的健康发展，确保数字贸易和数据流动的自由化。这些变化有助于缩小不同国家和地区在技术、人才和资本上的差距，为全球经济一体化创造了更多可能。

不仅如此，随着数据成为新的生产要素，如何合理分配和共享数据资源，成为区域经济一体化的重要议题。区域经济体会更加关注如何在保护隐私和安全的前提下，促进数据的跨境流动与共享。例如，欧盟的《通用数据保护条例（GDPR）》就为全球数据流动设置了新的标准和框架，而亚太地区的 RCEP 则提供了更为宽松的数据流动环境。随着更多数字经济协议的出台，数字经济和区域经济一体化将逐步融合，推动全球经济的数字化转型。

（三）可持续发展与区域经济一体化的结合

在全球气候变化和环境保护日益受到关注的背景下，区域经济一体化越来越注重可持续发展。环保和绿色发展已成为全球经济发展的重要议题。区域经济合作不仅要促进贸易和投资自由化，还需要在环保、资源节约和绿色技术等方面加强合作。这种绿色发展理念的融入，为区域经济一体化提供了新的发展视角和路径。

区域经济一体化的可持续性不仅仅体现在环保政策的统一上，更在于区域内国家在可再生能源、绿色产业和低碳经济等领域的合作。在许多地区，环境保护标准和绿色技术的推广逐步成为经济合作协议的重要内容。例如，欧盟在其贸易政策中越来越强调可持续发展目标，推动绿色经济成为区域经济一体化的重要组成部分。

区域经济一体化未来的可持续发展还需要更好地应对资源分配、生态保护、气候变化等全球性问题。在这方面，数字技术也将发挥至关重要的作用。数字技术不仅可以提升资源的利用效率，还能够帮助各国在环境监测、碳排放交易等领域实现跨境合作。数字化的环境监测系统和绿色技术的创新，将为区域经济一体化中的可持续发展提供强有力的支撑。

（四）区域贸易协议的多样化与复杂化

随着国际政治经济格局的变化，未来的区域经济一体化将更加多样和复杂。过去以关税减免和贸易自由化为主的区域经济一体化模式，已经无法完全满足当前全球经济发展的需求。新一代的区域经济合作协定更加注定重多领域、多层次的合作，特别是在服务贸易、投资、知识产权、数字经济等领域的深度合作。

例如，RCEP 等新型区域经济合作协定，涵盖了商品、服务、投资、知识产权、电子商务等多个领域，推动了区域内经济合作的全方位发展。随着全球经济的不确定性增加，区域经济一体化将不再限于自由贸易协定，还将扩展到更多元化的合作领域。各国在签署这些协定时，不仅要关注传统的贸易自由化，还需要在文化交流、科技合作、数字经济等新兴领域展开深入合作。

未来的区域经济合作协定将更加注重协同发展。特别是在经济政策、技术标准、环保要求等方面，区域经济体将通过制定共同的规则，减少市场准入壁垒，推动市场的深度融合。全球性的自由贸易协议将逐渐趋于复杂化，区域经济一体化将面临更多的议题和挑战，包括跨境投资、劳动力市场整合、数字市场准入等新问题。

（五）地缘政治影响与区域经济一体化的未来挑战

区域经济一体化的未来趋势不仅受到经济因素的影响，也受到地缘政治变化的深远影响。尤其是全球政治格局的不确定性，使得一些区域经济一体化进程可能面临更多的挑战。大国博弈、地缘政治冲突以及国际贸易规则的变化，都可能影响区域经济一体化。

例如，美国的"美国优先"政策和中国提出的共建"一带一路"倡议，都对全球及区域经济一体化产生了深远影响。在这些大国政策的背景下，其他国家和地区需要更加谨慎地制定自身的区域经济一体化战略。与此同时，区域经济体之间的合作也可能因国际政治因素而面临新的挑战。如何在地缘政治的压力下保持区域经济一体化的稳定，通过外交和经济手段提高各国的共同利益，将成为未来区域经济一体化中的重要课题。

随着全球和区域经济格局的不断演变，区域经济一体化将在复杂的政治经济环境中不断调整，以应对挑战并抓住新机遇。

第二节　RCEP 与东亚区域经济一体化

一、RCEP 的主要内容与特点

RCEP 是亚太地区一项重要的多边自由贸易协定，涉及全球近 1/3 的人口，涵盖近 1/3 的经济总量。该协定于 2020 年 11 月正式签署，涵盖东盟 10 国及中国、日本、韩国、澳大利亚和新西兰共 15 个成员，成为世界上最大的自由贸易协定之一。RCEP 的签署标志着亚太地区在经济一体化进程中迈出了重要一步，并为全球经济发展注入了新的动力。

（一）RCEP 的核心目标与宗旨

RCEP 的主要目标是通过降低关税壁垒、加强市场准入、提升贸易便利化水平，进一步促进区域经济一体化，推动亚太地区经济发展。与其他传统的自由贸易协定相比，RCEP 强调促进成员国之间的多元合作，涵盖广泛的领域，包括货物贸易、服务贸易、投资、知识产权、电子商务、竞争政策和政府采购等。RCEP 力求在亚太地区实现经济的深度融合与相互依赖。

在全球化深入发展的背景下，RCEP 的签署为亚太地区国家提供了一个稳定的经贸合作框架。在全球经济不确定性增加的情况下，RCEP 的实施为成员国提供了更加开放的贸易环境，并为区域内经济的稳定与发展提供了保障。

（二）关税削减与贸易便利化

RCEP 的核心内容之一是关税削减。协定规定了成员国之间大幅度削减或消除关税壁垒。通过这种方式，成员国将大大降低彼此之间的贸易成本，促进商品和服务的流动，推动区域经济的深度融合。在该协定中，关税削减的措施不仅针对传统的商品贸易，也涉及新兴领域（如数字商品、技术产品等）的关税制定。成员国通过逐步削减关税，推动了区域内跨境贸易的便利化。对于那些长期受关税壁垒困扰的中小型企业而言，RCEP 的实施无疑为它们开辟了更广阔的市场。

除了关税削减，RCEP 还强化了贸易便利化措施，尤其是在简化海关手续、减少非关税壁垒、优化物流系统等方面。通过信息共享、智能化管理等手段，成员国之间的贸易流程变得更加高效。这不仅为大企业提供了更有利的贸易环境，也为中小型企业的跨境电子商务等新型贸易创造了条件。

（三）服务贸易与投资自由化

服务贸易在现代经济中占据越来越重要的位置，尤其是在全球化和数字化浪潮的推动下，服务业的跨境流动日益增加。RCEP 对服务贸易和投资的自由化做出了明确规定，涵盖了金融、通信、运输、文化、教育、卫生等多个领域。成员国之间将大幅放宽服务市场准入，提供更加开放和透明的服务贸易环境，使跨国公司和专业服务机构在区域内的经营更为便捷。

在投资领域，RCEP 同样提出了重要的政策创新举措。协议强调为跨国投资提供更好的保护，特别是在投资审批、透明度、知识产权保护等方面做出了积极承诺。通过减少行政壁垒和放宽外国直接投资的限制，RCEP 为成员国营造了更为自由和公平的投资环境，为各国企业——尤其是中小型企业的投资提供了新的机遇。

（四）知识产权保护与技术创新

知识产权保护是现代经济中的一个重要议题，尤其是在技术创新日益成为推动经济增长的核心因素的背景下。RCEP 在知识产权领域提出了相对高标准的要求，涉及专利、版权、商标、技术转让、反不正当竞争等多个方面。协议强调成员国之间要加强知识产权保护，为创新型企业提供更加安全的市场环境。在数字化时代，网络平台、人工智能、大数据等新兴技术领域的知识产权保护尤为重要。

通过加强知识产权保护，RCEP 推动了技术创新和产业升级。成员国间的技术流动和合作将更加顺畅。中国、日本、韩国等技术创新大国的技术和研发成果，将通过 RCEP 的平台更加广泛地惠及其他成员国，促进技术进步和产业转型。

（五）电子商务与数字贸易的合作

随着数字经济的兴起，电子商务和数字贸易已经成为全球贸易的重要组成部分。RCEP 在这一领域提出了创新性的合作框架，特别是在跨境数据流动、电子支付、数字产品和服务的自由流通等方面，为数字贸易的发展奠定了基础。该协定对成员国之间的数字贸易规则进行了统一，旨在减少数字贸易的摩擦，确保各国在数字经济领域的合作更加顺畅。

例如，RCEP 提高了跨境数据流动的自由化水平，避免了因数据本地化要求而产生的技术壁垒，推动了区域内电子商务平台的整合与发展。此外，该协定还针对网络安全、消费者保护等进行了规则制定，为数字市场的安全发展提供了保障。通过这些措施，RCEP 为促进区域内的数字贸易、跨境电子商务和互联网金融等新型经济形态的发展提供了有力的支持。

（六）竞争政策与政府采购

在国际贸易中，竞争政策的制定至关重要，它不仅关系到市场的公平性，还影响着贸易的整体效益。RCEP 在这方面做出了积极的探索，提出了较为先进的竞争政策框架，旨在防止垄断、价格操纵等不正当竞争行为，保障市场的开放与公平。该协定要求成员国在制定竞争政策时，注重透明度和一致性，确保企业能够在公平的市场环境中开展业务。

在政府采购方面，RCEP 建立了新的合作机制。该协定规定，成员国将在政府采购领域实现透明化和互通互认，推动政府采购市场的开放。通过这种方式，成员国的企业更容易参与其他国家的政府采购项目，增加市场份额，从而促进区域经济的合作与增长。

（七）RCEP 的特殊条款与敏感领域

RCEP 虽然致力于推动区域经济一体化，但对于一些敏感领域，也设立了适度的保护条款。例如，在农业、汽车、文化产品等领域，一些国家可能会因为担心本国产业受到冲击，而要求针对某些商品采取保护性措施。这种特殊条款的设定，反映了成员国在推进自由贸易时对本国经济和社会的保护需求。

此外，该协定在处理敏感问题时兼顾了各国的利益平衡，允许成员国根据自身的经济发展情况和特殊需求，采取一定的调整措施，以实现保障国家安全、社会稳定等重要目标。这种灵活性使 RCEP 能够适应各国不同的经济状况和发展阶段，从而提高了协议的可操作性和包容性。

二、RCEP 对推进东亚区域经济一体化的作用

RCEP 的签署对于东亚地区乃至全球的经济一体化进程起到了推动作用。特别是在推动东亚区域经济一体化方面，RCEP 作为一个现代化、多层次的经济合作框架，深刻影响了东亚的贸易、投资、技术创新等多个领域，并为成员国之间的经济合作创造了新的机会。

（一）促进贸易自由化与市场一体化

RCEP 最直接的作用是通过大幅削减关税，推动区域内货物贸易的自由化。通过该协定的实施，东亚地区的成员国将逐步降低跨境贸易的成本，减少非关税壁垒，放宽市场准入条件。这不仅有助于提升商品的流通效率，也进一步推动了区域内生产资源的优化配置。例如，许多东亚国家在产业链上存在较高的互补

性，RCEP 的实施使不同国家的企业能够在区域内更自由地进行生产和贸易，从而提升整个地区的产业协作与市场一体化水平。

关税削减和非关税壁垒的消除意味着产品和服务能够在更广阔的市场中流通，这一变化尤其有利于中小型企业拓展跨境业务。对于东亚国家而言，这意味着更多的市场机会与更低的贸易成本，可以有效促进区域内各经济体之间的互联互通。

在货物贸易的基础上，RCEP 还推动了服务贸易和数字贸易的自由化。东亚地区具有很大的服务业发展潜力，而 RCEP 通过为服务行业提供开放的市场准入条件，进一步推动了这一潜力的释放。例如，金融服务、教育、文化产业等都在 RCEP 框架下获得了更多的市场准入机会，有助于推动区域内经济的全面一体化。

（二）增强投资合作与区域竞争力

RCEP 不仅涉及货物和服务的贸易自由化，还在促进投资合作方面发挥了重要作用。通过该协定，成员国之间的投资自由化程度显著提高。该协定通过降低投资壁垒、增加投资保护、提供透明的投资环境，极大地促进了跨国投资的流动。特别是对于东亚地区的跨境投资，RCEP 为企业提供了更为广阔的市场空间和更多的商业机会。大规模的跨境投资流动不仅能够促进东亚各国的经济发展，也有助于提升整个区域的产业竞争力。

RCEP 中的"投资便利化"条款为东亚国家间的投资合作提供了新的框架。各成员国将通过降低关税和非关税壁垒，营造更加开放的投资环境，鼓励外资流入和区域内企业的扩展。这将进一步增强东亚地区作为全球投资目的地的吸引力，并有助于各国经济的多元化和现代化发展。

特别是在当前全球经济环境充满不确定性、外部竞争压力日益加大的背景下，RCEP 将东亚各国的经济利益深度绑定，增强了整个区域的经济竞争力。投资合作的加强不仅有助于成员国国内产业的升级换代，还推动了技术创新和产业结构的优化，使东亚地区在全球价值链中的地位得到了进一步提升。

（三）促进技术合作与创新驱动

在数字经济和高技术产业快速发展的今天，技术创新已经成为推动经济增长的重要引擎。RCEP 的签署为东亚地区的技术合作与创新提供了有力的支持，尤其是在数字经济、智能制造、新能源等领域。通过降低技术壁垒、促进跨境数据流动和加强研发合作，RCEP 为东亚地区的技术创新营造了更加开放的环境。

RCEP 在数字经济领域的合作框架十分完善。该协定对跨境数据流动、数据保护、电子支付等方面做出了详细的规定，为区域内数字企业的发展创造了有利条件。东亚地区的技术创新企业，尤其是中国、日本、韩国等国家的企业，更容易获取彼此的技术成果并抓住市场机会，从而加快整个地区技术进步的步伐。

随着数字技术的快速发展，RCEP 对东亚地区各国在信息通信、金融科技、人工智能等领域的合作起到了催化作用。这不仅为区域内的科技企业提供了更广阔的市场和更多的技术合作机会，还推动了东亚地区整体的技术创新体系的建设，使东亚地区在全球技术创新体系中的竞争力得到进一步提升。

（四）提升区域经济稳定性与抗风险能力

在全球化日益深入的背景下，东亚地区经济发展面临着诸多外部挑战与风险。特别是在全球经济动荡、贸易保护主义抬头等背景下，区域经济的稳定性显得尤为重要。RCEP 的签署为东亚地区经济的稳定、增强其抗风险能力提供了有力的保障。通过加强成员国间的经济联系，RCEP 为东亚各国提供了一个更为紧密的经济合作框架，降低了外部冲击对各国经济的负面影响。

RCEP 的多边合作机制使各成员国在面对全球经济不确定性时，能够形成更加强大的应对合力。对于中小型经济体而言，RCEP 为它们提供了更加稳定的市场环境和更有保障的贸易机会，从而提升了它们在全球经济中的话语权。

面对全球经济危机或贸易战等外部冲击时，RCEP 成员国能够依托这一协定加强沟通和合作，共同应对挑战。在多边合作框架下，RCEP 成员国可以通过协调政策、统一应对方案和加强区域经济合作，增强整个地区的经济复原力和抗风险能力，进而为东亚地区经济的稳定和持续发展提供保障。

（五）促进区域供应链的深化与优化

在全球化背景下，东亚地区已经形成了高度互联的产业链和供应链体系。在这种体系中，RCEP 的签署为区域内各国的供应链合作提供了新的机会。通过降低关税、消除贸易壁垒，RCEP 促进了区域内产业链的深度整合与优化。特别是在制造业、电子产品、汽车等领域，区域供应链的深化不仅提高了生产效率，还降低了生产成本，使企业在全球市场中更具竞争力。

东亚各国在电子产品制造方面已经建立了紧密的合作关系，RCEP 的实施促进了这一产业链的整合与优化。成员国之间的关税削减以及非关税壁垒的减少，使各成员国能够更便捷地进行零部件的供应和产品的组装，从而提升了整个区域的供应链效率。

此外，RCEP 的实施还促进了区域内跨境物流和基础设施建设的协调发展，进一步提高了生产要素在区域内的流动性。这为东亚地区的供应链整合提供了更好的基础设施支持，并为企业提供了更加便捷的生产与运输渠道。

（六）推动区域政治与经济协调

RCEP 作为一个多边经济合作框架，推动了区域内各国的政治与经济协调。东亚地区拥有多样化的政治体制和较高的经济发展水平，如何在这一多元化背景下推动区域经济的融合和合作，一直是各国面临的重要课题。RCEP 的签署为这一问题的解决提供了路径。

该协定通过建立统一的规则和标准，推动了区域内政策的协调与合作。在 RCEP 框架下，成员国不仅在经济领域进行深度合作，还在贸易政策、监管政策等多个领域实现了对接与协调。这种政治与经济上的协调，不仅有助于减少区域内的政策冲突和贸易摩擦，还为东亚区域经济的长期稳定发展奠定了基础。

（七）RCEP 对东亚区域经济一体化的长远影响

RCEP 不仅是东亚区域经济一体化进程中的一个重要里程碑，更为区域未来的经济合作和一体化奠定了坚实的基础。随着 RCEP 的实施，东亚各国的经济联系更加紧密，区域内市场的互联互通进一步加深，贸易、投资、技术、资本等各要素的流动性显著提升。对东亚地区而言，RCEP 不仅是经济合作的基础性协定，也是推动经济增长、促进创新和提升竞争力的关键工具。

在未来，RCEP 的进一步实施将继续促进东亚地区经济的共同繁荣与稳定，帮助成员国在全球化进程中占据更加有利的地位。同时，RCEP 有可能成为全球自由贸易的典范，推动其他地区的经济一体化进程，推动全球经济治理体系的重构。

通过这些长远的政策措施，RCEP 将在推动东亚区域经济一体化的同时，推动全球经济的共同发展与繁荣。

第三节 区域经济一体化与国际贸易的新发展

一、区域经济一体化与全球贸易治理

全球贸易治理一直是国际经济合作的重要领域，而区域经济一体化作为促进全球经济合作与增长的重要机制，在全球贸易治理中占据着越来越重要的地位。随着全球经济形势的不断变化，尤其是在全球化进程遭遇一定挑战的背景下，区域经济一体化不仅成了各国调整贸易政策、促进经济发展的重要途径，也逐渐成为全球贸易规则重塑的重要推动力。

区域经济一体化对全球贸易治理的影响深远。尤其是在全球经济不确定性加剧、贸易摩擦增多的情况下，区域合作机制能够为各国提供更加稳定、灵活的贸易框架。特别是在跨国贸易障碍增多、全球供应链面临风险的当下，区域经济一体化不仅优化了成员国间的贸易环境，也为全球贸易体系的完善和发展提供了重要的借鉴和补充。

（一）区域经济一体化对全球贸易治理的推动作用

区域经济一体化推动全球贸易治理的变革，主要表现在以下几个方面。首先，区域经济一体化加速了全球贸易规则的多样化和差异化发展。各个区域的合作机制在实施过程中根据各自的经济结构、贸易需求和政治关系制定了差异化的贸易规则。例如，欧盟强调成员国间的统一市场与共同外部关税，亚洲区域经济一体化则更多地关注贸易自由化和数字经济领域的协作。通过这些实践经验，各国在全球贸易治理中逐渐形成更加灵活和多元的合作模式，为全球经济体系的多极化发展提供了动力。

区域经济一体化的推进还提高了全球贸易机制的包容性和灵活性。WTO 作为全球贸易治理的核心平台，在全球多边谈判中面临一些挑战。而区域经济一体化则为全球贸易治理提供了补充。以 RCEP 为例，该协定通过成员国之间的经济互补性和市场融合，成功推动了区域内的经济一体化，并在全球贸易规则的框架内形成了具有实质影响力的合作模式。区域内的贸易关系愈加紧密。随着时间的推移，这种影响力将进一步延伸至全球贸易规则和全球治理机制的层面。

（二）区域经济一体化推动全球贸易自由化

全球贸易自由化的推进离不开区域经济一体化机制的支持。随着全球化的深入发展，各国之间的贸易壁垒逐渐降低，经济关系日益密切。区域经济一体化作为推动自由贸易的重要手段，在降低关税、简化贸易程序、促进投资流动等方面发挥了关键作用。

通过设立自由贸易区，成员国之间能达成较为紧密的市场开放协议，并相互承诺在更大范围内取消关税壁垒和非关税壁垒。这不仅促进了区域内的贸易自由化，也为全球贸易自由化创造了有利条件。区域经济一体化能够推动全球贸易自由化。尤其在全球化进程遇到瓶颈或障碍时，区域合作能够为全球贸易提供更多的弹性和包容性。通过区域自由贸易协定，全球贸易体系能够适应不同经济体的需求，避免了全球多边贸易谈判出现僵局，并加速了贸易自由化的持续推进。

区域经济一体化的自由贸易协议通常包括多个领域的合作内容，如货物贸易、服务贸易、投资、知识产权保护、电子商务等。以 RCEP 为例，该协定不仅涵盖传统的货物贸易自由化，还在服务贸易和电子商务领域建立了新的合作框架，推动了区域内数字贸易的蓬勃发展。这种自由化的推进方式，为全球贸易自由化的全面深化奠定了基础。

（三）区域经济一体化助力全球贸易规则的重塑

随着全球贸易环境的复杂化和国际市场的不确定性增加，传统的全球贸易规则已经无法适应新的国际贸易格局。区域经济一体化在一定程度上填补了这一空白，助力了全球贸易规则的重塑。通过区域协议，各国可以根据区域内的特定经济结构和发展阶段，制定合适的贸易规则，并在全球层面上推动这些规则的广泛应用。

区域经济一体化为全球贸易规则的更新与补充提供了新的视角和实践。以RCEP为例，该协定在传统的贸易规则基础上，增加了数字经济、知识产权、跨境数据流通等新兴领域的条款，使协定内容更加符合当今全球贸易的发展趋势。RCEP的成功实施不仅推动了区域内的贸易自由化，也为全球贸易规则的修订提供了新的实践案例和参考经验。

此外，区域经济一体化提升了全球贸易治理机制的灵活性和适应性。由于每个区域的经济发展水平、产业结构以及国际政治背景不同，区域经济一体化机制能够根据不同成员国的需求和利益进行定制化调整，从而形成更加符合各方需求的贸易规则。这种机制的存在，不仅弥补了全球贸易体系的不足，也为全球治理提供了灵活的调节机制。

（四）区域经济一体化对全球经济治理的影响

区域经济一体化通过加强区域内的合作，提升了各国在全球经济治理中的话语权和影响力。在全球经济体系中，国际经济治理格局趋向多极化，各国通过加强区域内经济合作，逐渐改变全球经济治理的现有格局。

区域经济一体化的推进，帮助成员国在全球经济治理中形成了更加强大的集体力量。例如，RCEP的成员国占全球经济总量的30%左右，RCEP作为世界上最大的自由贸易区之一，不仅助力成员国之间的贸易增长，也在全球经济治理中产生了重要影响。区域经济一体化带来的集体行动力，能够有效推动全球经济治理体制的改革和创新。各国通过在区域内实施政策对接、贸易便利化等措施，可以在全球范围内发挥更大的经济影响力，提升自身在全球经济治理中的地位。

区域经济一体化通过改善区域内的经济合作关系，使成员国能够在更大的全球经济平台上发声，促进国际经济秩序的稳定。通过积极参与全球经济治理，区域经济一体化为全球经济的健康发展提供了正向的支持。

（五）区域经济一体化与全球经济可持续发展的关系

区域经济一体化在推动全球贸易和经济增长的同时，也为全球经济的可持续发展提供了新的发展思路和路径。全球可持续发展目标要求各国在促进经济增长时，兼顾社会福祉和环境保护。区域经济一体化通过推动各国之间的绿色发展和合作、促进低碳经济和可再生能源的应用等，提升了全球可持续发展的整体水平。

例如，RCEP 在制定条款时，特别关注环境保护和可持续发展问题。该协定中涉及绿色贸易、环保产品标准等内容，为成员国之间的绿色贸易合作搭建了具体框架。这种绿色合作模式不仅提升了区域内的绿色经济水平，也对全球经济的可持续发展产生了积极影响。区域经济一体化为全球经济带来更多的可持续发展机会，尤其在能源转型、环境保护等领域，能够促进成员国之间的互补合作，实现区域经济的绿色转型。

（六）区域经济一体化与全球贸易的互动机制

区域经济一体化与全球贸易并非相互独立的两种机制，而是相互作用、相互促进的关系。区域经济一体化为全球贸易提供了一个更加灵活和高效的补充机制，使全球经济在多变的国际环境中具有更强的适应性与协调性。通过区域内政策的协调、市场准入的统一，区域经济一体化为全球贸易提供了更加稳固的基础和有力的保障。

区域经济一体化的成功实践经验为全球贸易提供了重要借鉴。尤其是在贸易壁垒的消除、市场开放程度的提升、跨境投资的促进等方面，区域合作机制为全球贸易提供了新思路和新方法。同时，全球贸易的健康发展也推动了区域经济一体化机制的进一步完善，形成了相互促进、共同进步的局面。

区域经济一体化推动全球贸易的治理改革，并为全球经济体系的重构提供了必要的支撑。随着全球经济一体化进程的加快，区域合作机制将进一步深化，与全球经济治理机制形成更加紧密的联系。

总之，区域经济一体化不仅是推动全球贸易自由化的重要手段，也是全球经济治理创新和规则重塑的关键因素。通过区域合作机制，全球贸易体系将变得更加灵活、包容，能够适应多元化、全球化发展趋势，推动全球经济朝着更加开放、包容、可持续的方向发展。

二、区域经济一体化与国际贸易的新动力

在全球化的演变进程中，区域经济一体化逐渐成为推动国际贸易发展的新动力。传统全球经济体系和多边贸易体系面临一系列挑战，而区域经济一体化为全球贸易注入了新的活力。区域经济一体化不仅有助于成员国之间实现经济的互利共赢，也在更大程度上推动了国际贸易规则的创新与演变。近年来，尤其是在全球政治经济形势日益复杂的背景下，区域经济一体化发挥了越来越重要的作用，为国际贸易注入了新的动力并指明了发展方向。

（一）区域经济一体化激发了国际贸易新动能

区域经济一体化的推进，为国际贸易发展注入了全新的动能。在全球经济不断变化的时代背景下，单纯依靠全球贸易框架难以满足各国经济发展的复杂需求。区域经济一体化通过加强地区内部的经济联系，促进成员国之间的市场融合，成功推动了国际贸易新格局的形成。通过区域经济一体化推动，成员国不仅可以在关税、货物贸易、服务贸易、投资等领域开展更深层次的合作，还能够在经济政策上实现协同与互通，从而为国际贸易的发展提供强劲的动力。

近年来，区域经济一体化在推动贸易自由化、促进贸易便利化方面表现得尤为突出。多边贸易体系的长期谈判进程使得全球经济治理陷入僵局，而区域经济一体化为经济体之间的贸易合作提供了更加灵活的途径。在这种合作框架下，各国可以根据自身经济发展特点与优势，商讨适合的贸易规则，并在此基础上实现更高效的市场整合。这种区域合作的优势不仅体现在提升区域内部贸易的效率和规模上，也为全球贸易创造了更大的空间和更多的机会。

（二）数字化转型推动区域经济一体化进程

随着科技的迅速发展，尤其是数字技术和信息通信技术的广泛应用，全球经济正经历着数字化转型的巨大变革。数字经济成为推动区域经济一体化的重要动力来源。通过推动电子商务、数字货币、跨境数据流动等方面的合作，区域经济一体化不仅为成员国之间的贸易提供了新的动力，也使国际贸易进入了一个崭新的发展阶段。

数字经济的出现推动了全球产业格局的深刻变革，并成为全球经济增长的新引擎。在这一背景下，区域经济一体化通过构建更为高效的数字贸易环境，提升了国际贸易的流通效率与透明度。各国通过加强数字基础设施建设和促进跨境数据流动，降低了国际贸易的交易成本，提高了资源配置的效率，促进了跨境贸易活动的快速增长。

例如，RCEP 在推动区域经济一体化的过程中，不仅注重货物和服务贸易的自由化，还特别强调数字经济和数字贸易的规则建设。通过制定统一的数据流通标准、简化跨境电子商务流程、促进数字货币与支付体系的互联互通，RCEP 为数字经济提供了制度保障，并通过区域内的数字化发展推动国际贸易进入新的增长轨道。

（三）区域经济一体化推动全球价值链重构

全球价值链（GVC）的重构是当今全球经济的重要趋势之一。随着全球产业分工和供应链的复杂性不断增加，区域经济一体化为全球价值链的重塑提供了全新的发展机遇。区域经济一体化能够推动成员国间开展更深层次的生产与供应链合作，提升整个区域经济的产业链与附加值，进而为国际贸易注入新的活力。

在传统的全球价值链中，产品的生产、加工和组装通常分布在不同国家和地区。区域经济一体化打破了这一分散的格局，通过推动区域内的产业协同发展，进一步优化了供应链和生产链的布局。各国可以通过更紧密的合作，减少生产过程中不必要的环节，提高产业协同效率。这种区域价值链的重构为国际贸易带来了新的增长动力，既能促进跨境投资的流动，也能促进区域经济的多元化发展。

以 RCEP 为例，该协定在促进区域价值链优化的同时，也帮助成员国在全球供应链体系中占据了更重要的位置。通过消除贸易壁垒、降低关税和非关税壁垒，RCEP 成员国能够更高效地共享资源、分工协作，推动产业链条的再配置和升级。这不仅提升了成员国在全球价值链中的地位，也为国际贸易的增长提供了更为广泛的市场基础。

（四）区域经济一体化增强了成员国的竞争力

区域经济一体化为成员国提供了更广阔的市场、更多的合作机会，使成员国具备更强的经济竞争力。通过集聚区域内部的经济资源和优势，成员国提高了在全球市场中的竞争力。这种竞争力的增强，不仅体现在单一国家的经济发展上，也表现在整个区域的全球经济地位的提升上。

通过区域经济一体化，成员国可以实现整合市场、共享资源、技术交流等，提高各自产业的竞争力。在全球经济竞争日趋激烈的背景下，区域经济一体化的优势更加突出。成员国通过协同发展和共享经济红利，提高了在国际市场中的占有率和影响力。

以东南亚为例，该地区通过加强区域经济一体化，不仅提高了自身在全球市场中的竞争力，还通过深化区域内的合作和加强经济联系，实现了经济的加速增长。例如，东南亚国家通过建立东盟自由贸易区，推动了成员国之间的市场一体化和产业整合，提高了在全球市场中的话语权和竞争力。

通过区域经济一体化，国际贸易不仅获得了新的增长动力，也使全球贸易体系更加灵活、多元和可持续。各国通过加强区域合作，不仅提升了自身的竞争力，也为全球贸易的未来发展创造了更加有利的条件。

三、区域经济一体化与国际贸易的可持续发展

随着全球经济形势的变化，传统的国际贸易模式面临着前所未有的挑战。气候变化、资源匮乏、社会不平等以及经济危机等全球性问题的出现，使得国际贸易的可持续发展问题愈加突出。在此背景下，区域经济一体化成为推动国际贸易可持续发展的重要动力。通过加强区域内的经济合作与协调，区域经济一体化不仅有助于促进经济增长与贸易自由化，还能够推动社会、环境和经济等多维度的可持续发展。

（一）区域经济一体化对可持续发展的推动作用

区域经济一体化作为促进经济发展和资源优化配置的有效途径，为实现可持续发展目标提供了新的动力。通过减少区域内的贸易壁垒、促进投资的自由化

以及产业链的协同发展，区域经济一体化为可持续经济增长提供了广阔的市场和丰富的资源。不同国家和地区通过加强合作、共享经验和技术，能够共同应对全球性挑战，在全球经济体系中创造出更多的共享价值。

区域经济一体化的推进有助于提升成员国的竞争力，减少发展中地区的贫困与不平等现象，并推动各国走向绿色、低碳、可持续的经济发展模式。区域经济一体化促进了资源和信息的共享，降低了贸易成本，提升了贸易效率。这不仅促进了区域内的经济繁荣，也推动了全球范围内经济资源的高效配置。

在推动可持续发展方面，区域经济一体化促进了环境保护与资源配置的优化。区域内的共同合作有助于形成一致的环境标准，推动绿色贸易和技术的交流与应用。通过在政策和法规层面的协调，区域内各国能够共同推进绿色经济的发展，减少环境污染，保护生态环境，确保全球贸易可持续增长。

（二）绿色贸易与环境保护：区域经济一体化的新方向

环境问题已成为全球性挑战之一，气候变化、环境污染和资源短缺等问题深刻影响了全球经济和国际贸易。区域经济一体化为绿色贸易和环境保护提供了重要推动力。通过区域间协调一致的环保政策和标准，各国能够共同应对环境挑战，推动绿色贸易的发展，促进低碳经济和循环经济的实践。

在区域经济一体化框架下，区域内各国能够共享清洁能源、绿色技术和环保设备，推动可持续的资源利用和能源管理。区域经济一体化为建立统一的环保标准和绿色政策提供了平台，使各国在推动经济发展与保护环境之间找到了平衡点。例如，欧盟和东南亚国家通过区域经济一体化合作，在气候变化、碳排放等领域达成共识，并推动了绿色技术的普及和应用。这不仅促进了区域内部的绿色经济转型，也为全球绿色贸易的发展提供了良好的示范。

区域内绿色贸易的实施，意味着成员国间的贸易将更加注重资源的可再生性、低碳排放和生态保护。各国可以通过建立环保标准、鼓励绿色投资、支持低碳技术的创新，推动绿色商品的贸易流通。此外，区域经济一体化还为跨境环境保护合作奠定了基础，区域内的资源共享与技术支持有助于减少环境污染，提升全球经济治理的可持续性。

（三）社会责任与区域经济一体化的结合

区域经济一体化不仅仅体现在经济层面的合作上，还涉及社会责任的履行。各国在推动经济一体化的同时，应注重保障社会的公平与包容，促进就业机会的增加，减少贫困和社会不平等现象。区域经济一体化能够为社会发展注入新的动力，推动社会各阶层的共同繁荣。

通过区域经济一体化，各国可以协调劳动力市场政策，促进跨境就业机会的增加，并改善工人的福利待遇。例如，东南亚国家通过加强区域经济一体化合作，不仅促进了贸易和投资的增长，也帮助区域内贫困地区改善了社会基础设施，提供了更多的教育、医疗和就业机会。这种社会福利的提升，不仅有助于社会的和谐稳定，也为全球经济的长期可持续发展奠定了基础。

区域经济一体化还为提升社会责任提供了平台。各国能够在区域层面上加强对企业社会责任（CSR）的管理与监督，确保企业在追求经济利益的同时，履行环境保护责任，提高员工福利积极参与社会公益活动等。通过加强合作，各国可以制定统一的社会责任标准，并鼓励跨国公司和区域内的企业积极参与社会发展与环境保护，推动国际贸易朝着更加可持续的方向发展。

（四）区域经济一体化与可持续贸易规则的制定

随着全球经济形势的变化，国际贸易规则的重构日益成为全球经济治理的核心问题。传统的多边贸易体系已经无法完全适应当前全球经济的需求，区域经济一体化成为推动贸易规则重构的重要途径。通过区域内的协商与合作，各国能够在统一的框架下制定适应各自需求的贸易规则，从而推动全球贸易向更加可持续、公平和包容的方向发展。

在区域经济一体化的框架下，成员国不仅可以就关税、投资、贸易便利化等方面达成一致，还能够共同制定与可持续发展相关的贸易规则。这些规则不仅关乎经济效益，也涉及环境保护、社会责任、劳工权益等方面。例如，RCEP协定加入了有关环境保护、能源效率和可持续发展的条款，以推动成员国在贸易中遵循绿色、低碳和负责任的原则。

区域经济一体化有助于推动国际贸易规则的重构。各国通过在区域内协商制定更为具体的贸易规则，可以更好地应对环境和社会变化，促进全球贸易体系的健康、平衡发展。通过区域内的合作与协调，全球贸易治理体系将更加灵活、多元和可持续。

（五）区域经济一体化与可持续发展的挑战与应对

尽管区域经济一体化为推动国际贸易的可持续发展提供了新的机遇，但其在实施过程中仍面临诸多挑战。首先，区域经济一体化可能导致成员国之间利益的不平衡，部分国家可能因为资源、技术和产业基础的差异而未能从中获益，这可能加剧区域内的不平等和社会不稳定。其次，区域经济一体化过程中，如何平衡经济增长与环境保护之间的关系，仍然是一个复杂的问题。

为了应对这些挑战，各国需要在区域经济一体化过程中加强沟通与协调，确保贸易政策的透明度和公正性，推动更加公平和包容的经济发展。此外，各国应积极推进技术创新和绿色产业转型，通过合作解决资源短缺和环境污染问题，确保经济发展和生态保护能够并行不悖。

总体来看，区域经济一体化在推动国际贸易可持续发展方面，起到了至关重要的作用。通过绿色贸易、数字经济以及社会责任的有机结合，区域经济一体化为国际贸易的可持续发展提供了新动力，同时也为全球经济治理体系的完善提供了可行路径。

参考文献

[1] 杜振华. 数字贸易 [M]. 北京：北京邮电大学出版社，2024.

[2] 范丽娜，赵展. 数字贸易研究与中国实践探索 [M]. 北京：中国商务出版社，2023.

[3] 韩景华. 国际贸易前沿研究：理论、方法与应用 [M]. 北京：中国经济出版社，2021.

[4] 蓝振峰. 国际数字贸易探索与中国实践研究 [M]. 北京：中国纺织出版社，2022.

[5] 路丽，陈玉玲，郑杨. 数字技术发展对国际贸易的影响 [M]. 长春：吉林大学出版社，2020.

[6] 马骏，袁东明，马源，等. 数字经济制度创新 [M]. 北京：中国发展出版社，2022.

[7] 马玉荣. 数字经济与贸易概论 [M]. 北京：首都经济贸易大学出版社，2022.

[8] 任媛媛. 数字经济与国际贸易创新发展 [M]. 北京：中国商务出版社，2024.

[9] 谭丽涛，杜强，宋芳. 现代国际贸易理论与实践创新研究 [M]. 北京：线装书局，2022.

[10] 闫瑞霞. 国际贸易理论的发展与创新研究 [M]. 北京：中国商务出版社，2023.

[11] 杨佳艳. 数字经济推动国际贸易转型升级的策略研究 [M]. 北京：中国纺织

出版社，2023.

[12] 张春莲. 国际贸易的数字化转型和对策研究 [M]. 北京：文化发展出版社，
    2024.